I0218447

一途な信奉者の育成

教会設立運動へとつながる小さなグループ、家庭教会、そしてミッション達成のための短期間の旅行を推進するためのマニュアル。

一途な信奉者の育成

教会設立運動へとつながる小さなグループ、家庭教会、そしてミッション達成のための短期間の旅行を推進するためのマニュアル。

ダニエル・B・ランカスター博士　著

T4T プレス　発行

2011年　初版

ISBN 978-1-938920-17-2 印刷

図書館における出版時図書目録（CIP）データ

ダニエル・B・ランカスター

一途な信奉者の育成：教会設立運動へとつながる小さなグループ、家庭教会、そしてミッション達成のための短期間の旅行を推進するためのマニュアル。／ダニエル・B・ランカスター

参照書誌情報を含む。

ISBN 978-1-938920-17-2

1. イエスの教えの布教トレーニング：信奉の基礎-アメリカ合衆国。Ｉ。タイトル。

推薦文

「いつも、布教の拡大と教会の発展について、経験的で献身的なまなざしで見ていく本が必要だと思っておりました。『イエスの教えの布教トレーニング』はそんなシリーズです。それは、イエスが今日の世界の国々へと到達されるための方策を易しく示す本なのです。この本は、ただの理論家ではなく、実践家によって書かれました。あなたは『イエスの教えの布教トレーニング』にみられる熟練した宣教師ダン・ランカスター氏の筆による新鮮なアプローチを読み、学ぶことで豊かになります。」

ロイ・J・フィッシュ
上席教授
西南バプテスト神学校

「あらゆる文化的グループにおいて、新しい信者と探求者の育成のために何か実践的なものを探していました。これこそがそれです！

これは、簡単に従うことができ、新しい信奉者が、他の人をトレーニングするときに使うこともできる、3日間の、信奉者育成トレーニングのマニュアルです。具体的には、イエスの命令に従うことを愛する書なのです。ダン・ランカスターは多くの経験、最善の練習と聖書の一節をご存知であり、それを私が今後使おうと思うマニュアルに結実させたのです。」

ガレン・クラー
パウロ・ティモシー・巡歴トレーナーコンサルタント
www.Paul-Timothy.net

「明確で反復的なこれらの信奉者育成教材のアプローチは、新しい信者が信仰の基礎をマスターし、彼または彼女が学んだ他者と共有するために効果的なフレームワークを提供します。」

クライド・D・メドー
副総裁
国際伝導委員会、SBC

「私は、ここアメリカで100人のリーダーに対してこの教材で教えました。私はいつも、『とてもシンプルですね』または『数年前これを教えていればなあ』という2つの同じ答えを得ます。信奉者が弟子を育成するにあたって、このマニュアルが、即効性および実践性にたけ、証明済みかつ効果的であることは真実です。私は心から本書を推薦します！」

ロイ・マックラング
宣教師／コンサルタント
www.MaximizeMyMinistry.com

「これは、CPMの世界における問答式入門書です。これは、実りある信奉者育成生活の基本的なフレームワークを提供するための、計ることのできるプロセスをシンプルに適用したものです。これには、価値のある、実践的なトレーニングに関するチップが満載です。」

カーチス・サージェント
国際的戦略副総裁
E3 パートナーズ宣教師
www.e3partners.org

「イエスの教えの布教トレーニング第1巻：信奉者の育成は、世界中の新たな信者が彼らのイエスへの礎を築くために使うことの出来る実践的なイ信奉者育成ツールです。それは、信者に、神を心から、魂から、精神から、そして全力で愛するよう説きます。新しい信者に対してだけでなく、成熟した信者もまた、キリストへの愛を伝えるときに使うことができます。

第1日目から、学習者は、失われ、死んだ世界についての関心をふくらませます。トレーナーは、イエスの光とともに暗がりの地へと進むように、トレーナーたち自身が習って来たことを他者と分かち合います。それは実践的で、ユーザー目線にたっていて、聖書的で、しっかりしています。」

ジェラルド・W・ブルチ
名誉宣教師
国際伝導委員会、SBC

「ダン・ランカスターは、キリストの一途な信奉者を育成するためのシンプルで、聖書的で、複製可能なメソッドを提供しました。あなたは他に何を望むというのでしょう？ダンは主と共に歩むために信者を助けるシンプルな8つの絵をもちいました。これらの条理は、伝導の経験のるつぼで試され、あなたのために機能するのです。」

ケン・ヘンプフィル
楽園成長促進の国家戦略家
作家、講演者、成長コンサルタント、そして教授（福音伝導および教会育成）

「私はフィリピンでこの教材を試し、これをとても愛しています。というのも、これは効いたのです。私は、トレーニングをした相手に、どうしてこの教材が好きか尋ねたところ、『なぜなら私たちが教えた人々は、他の人を教えることができるからです！』と答えました。これは

これらのシンプルなレッスンの大きな価値です。それは、複製可能なのです。

私たちは、弁護士や、医者や、軍隊の大佐や、ビジネスマンや、未亡人やそして門番といった、教育を受けた人、教育を受けていない人みんながこの教材を、他者をトレーニングするために用いているのを見てきました。

ダレル・シール
フィリピンの宣教師

「30年以上、タイの都市部と田舎部で教会設立運動家をしてきて、私は『衰弱』した教会を見すぎてきました。それは、外部のリーダーに彼らの精神的な養分の多くを頼ってしまっているのです。この状態の大きな原因は、地元の信者たちにとって複製可能ではない、西洋由来の教育メソッドをそれらの教会を建てた人々が用いてしまったことです。それらの教会のうちのわずかしか、自ら複製しませんでした。それらは、生み出すことができないのです！」

このトレーニング・マニュアルは、世界が信者から信者へと渡ることを確信させる2つの鍵を与えます：それは、複製と繰り返しの簡単さです。

ジャック・キニッソン
名誉宣教師
国際伝導委員会、SBC

「イエスは仰せになりました。もし、誰かが彼の信奉者になりたいのならば、彼は『彼自身を比定し、彼の十字架を受け入れ、彼に付いて行く』必要がある、と。先生として、牧師として、父として、伝道師として、ダン・ランカスターは信奉者育成に求められることの基礎と交換不可能生について理解しています。このトレーニングは価値があり、戦略的で、町から大学の教室まで適用可能です。

信奉者の育成への呼びかけは普遍的なもので、ランカスター博士は、使いやすくて全ての文化と背景において複製可能なツールを生み出しました。シンプルで確固たる教育メソッドを用いて、イエスの教えの布教トレーニング（FJT）は、信奉者育成トレーニングを、面白く、記憶に残りやすいものとします。イエスの教えの布教トレーニングは、信奉者育成のための完全版パッケージです：聖書的で、複製可能で、実践的で、増殖します。

ボブ・バルター
カントリー・ディレクター
国際コーポレーティブ・サービス
プノンペン、カンボジア王国

ランカスター博士は、注意深く福音だけでなく、文化を勉強なさいました。彼は私たちに、「プログラム重視」になることなく、イエスの方法に従う人々が神の道に生きることを助ける為のシンプルですることのできるプロセスを与えました。課程教会のためのこのプロセスは、キリスト中心で、信奉者重視です。私は、このプロセスを高く推薦し、これが家庭教会分かを変え、そして来たアメリカの伝統的な教会においても用いられるようになるよう祈っています。

テッド・エレモア
祈り・フィールド伝導戦略家
テキサス代表南部バプチスト

目次

パート1 － 基本

パート2 － トレーニング

パート3 - 参考文献

序文

「…そして彼らに私があなたに命じたこと
の全てを見るよう教えなさい。」

大戒律の結語は、今日の私たちにとって、重要かつ挑戦的なものであり続けます。というのも、キリストが最初にそれを発行してから2000年経っているのです。キリストが命じた全てのことを観察することに、何の意味があるのでしょうか？使徒ヨハネは、私たちに、もしも私たちがイエスの言ったこと全てを書き、そしてなしたならば、それは世界の全ての本を埋め尽くすと伝えています（ヨハネによる福音書第21章25節）。確かに、イエスは、何か、より簡潔なことを気にしていらっしゃいます。一途な信奉者の育成、と題された、イエスの教えの布教トレーニングにおいて、ダン・ランカスターは、それが描かれたならば、キリストの追従者をキリストのような弟子に変えることのできる、イエスに関する8つの福音の絵を描き出しました。

一途な信奉者の育成において、ダンは、信奉者育成に関する新たな本をただ作ることよりも高い目標を持っています。ダンは、信奉者増殖運動を創ることに対する彼の知見を確立しました。これまで、彼は4年間、単に新たなキリストのような弟子へと新しい信者を改宗させるだけではなく、トレーニングを受けた信者自身が、効果的な信奉者育成へと携わって行くようなプログラムを制作し、試し、評価し、そして改良してきました。

この信奉者育成システムを開発した後、藍課すチター博士は、キリストの完全な体を、これらのレッスンを、世界のどのような文化的な背景においても、適用可能な、ユーザー目線にたった、複製可能なゴーマットへと凝縮しました。一途な信奉者の育成は、イエスのようになることを追究する終わりなきダイナミックに貢献し、世界中の新しい信奉者を通じてキリストの王国を複製することに貢献するのです。

このようなやり方での骨の折れる時間のかかる信奉者の育成は、簡単ではありませんが、不可能でも、随意なものでもありません。あなたがダン・ランカスターの一途な信奉者の育成の世界に踏み入れたならば、あなたは、これから広がる道への、試され、証明されたロードマップを示す、教えに従う信奉者と、信奉者の育成者に出会うことができるでしょう。

デイビッド・ギャリソン
チェンマイ、タイ
『教会設立運動：神はどのようにして失われた世界を回復したのか（*Church-Planting Movements: How God Is Redeeming a Lost World*）』著者

謝辞

15年前に、イエスの教えの布教トレーニングを始めた3つの教会のメンバーに感謝します：テキサス州ハミルトンの共同体聖書教会（地方の教会設備）、伊テキサス州テンプルの新契約バプテスト教会（信奉者育成に特化して確立された教会）、そして、テキサス州ルイスヴィルのハイランド・フェローシップ（地方の教会設備）。何年間も、私たちは、イエスの教えの布教トレーニング（FJT）が、4つから7つ、そして最終的に8つのキリストに関する絵へと成長していくのを見てきました。私たちは共に多くを分かち合い、そしてあなたの愛と祈りは、国民の成果へと結実するのです！

東南アジアのいくつかの国の現地パートナーは、イエスの教えの布教トレーニングの向上と履行を国際的にたすけてくれました、これらの国々における安全性の理由から、彼らの名前を明らかにすることはできません。具体的には、3人の現地の方は、トレーニングをフィールドでテストし、他者をトレーニングするための次世代の信奉者をトレーニングすることに成功し続けています。

東南アジアにおける4年間の発展プロセスにおいて、祈りのサポート、フィードバック、そして、励ましをくださった全ての私のトレーニングへの参加者の皆様に感謝します。あなたが、重要なやり方で、トレーニングの焦点を定め、それを向上させる助けとなりました。

私たちは各々、精神と人生経験への投資への賜物です。私たちは、イエスの信奉者としての私の人生に大きな影響を与えた、ロニー・カップス、ロイ・J・フィッシュ博士、故クレイグ・ギャリソン氏、デイビッド・ギャリソン博士、エルビン・マッカーン博士、故ディラン・ローモ氏、そしてトム・ウォルフ博士に感謝いたします。

このトレーニングにおけるアクティブな学習すきっとのいくつかに関して、ジョージ・パッターソン博士とガレン・クラー博士に、特別感謝いたします。

最後に、私は、私の家族に対し、サポートと励ましを感謝いたします。私の子供達、ジェフ、ザック、カーリス、そしてゼーンは、私の信念、望み、そして愛の終わりなき源であり続けます。

私の妻、ホリーは、何回も写本を読み、提案をしてくださることについて完璧な仕事をしました。彼女は、彼女が導いたトレーニング・セミナーからいくつかの良い考えを付け足し、過去15年間のうちに打ち出されて来た多くのコンセプトの確固たる土台となってきました。

私たちが、情熱的で、精神的なリーダーを生み出し、国々に癒しをもたらすように、神があなたがた皆を祝福しますように。

ダニエル・B・ランカスター博士
東南アジア

はじめに

ようこそ、イエスの教えのトレーニング（FJT）の第1巻である、一途な信奉者の育成にようこそ！神があなたを祝福し、彼の子に従うあなたを繁栄させますように。あなたの伝導の実りが、あなたがイエスとともに、あなたの未達の人々のグループ（UPG）にゆっくりと歩み寄るとき、100倍に増えますように。

あなたが手にしているマニュアルは、世界に到達しようとするイエスの計画に則っています。それは、北米と東南アジアの両地における何年ものリサーチとテストの結果です。このシステムは、空論ではなく、実践です。あなたが神とともに伝導するとき、本当の違いを生み出すためにこれを用いなさい。私は持っていて、あなたもできるのです。アメリカの田舎と郊外の教会で開始した後、私たちの家族は、リーダーを監督し、トレーニングするため、東南アジアに召されました。私はアメリカにおいて10年以上、教会設立者であって、他の教会設立者もまた監督してきました。海外に移動するのがどんなに大変で、同じことをそこでするのはどんなに大変だったことでしょう？私たちの家族は、過度な自信と高い望みを持って、伝導のために旅立ちました。

語学学習の間、私は、他者を、地元のパートナーと共に、教え始めました。私はベーシックな信奉者育成と教会設立のための1週間のトレーニングコースを提供し始めました。典型的には、30から40人の生徒がトレーニングに来たものです。彼らは、いつも、このレッスンがいかによいものか、そして私たちの教えにどれほど感謝しているかについてコメントしました。しかしながら、1つのことが私を苦しめ始めました：彼らは習ったことを他者に教えようとしなかったのです。今やアメリカでは、あなたは、「他者を教えることのない人から離れる」ことができます。なぜならば、そこには、文化の中枢において、既に亡くなった人々の間にさえ、聖書への理解がある（あるいは、あった）からです。しかしながら、東南アジアでは、亡くなった人々の間には、聖書への理解はありません。アメリカにおいては、あなたは、影響を与えるであろう、他のキリスト教徒にその人が会うこともあるでしょう。伝導の道においては、そのような保証はないのです。

オーケー、ですからここで私たちは板挟みにあっていたのです。私たちは、国民に、私たちが「良いもの」だと感じているものを教えていたのですが、彼らはそれを複製していなかったのです。実際、私たちは、「プロのセミナー行動家」を引きつけていたようでした。私たちがもたらした事実は、貧困にあえぐ国々における1週間ものトレーニングにおいてもまた、苦境に陥ったようでした。次に起こったことは、私を驚かせ、失望させました。

私たちのトレーニング・イベントの１つの後で、私はティーショップに私の通訳と一緒に座って、彼にシンプルな質問をしました。

「ヨハネ。今週、私たちがトレーニングして来た人々のうちの何パーセントがなすようになり、他者をトレーニングするようになるでしょう？

ヨハネはしばらくそのことについて考えていて、私は彼が私の問いに答えたがっていないことを見いだし得ました。彼の文化においては、学生は先生を批判すべきではなく、彼は、私が彼にそうするよう命じていたかのように感じていたのです。会話をもっとして打ち解けたあとに、彼は、全てを変えた返事を返して来たのです。

「ダン博士、私は、彼らが、あなたの先週の教えの10%を実践するだろうと考えます。」

私は呆然とし、それを見せないようにしました。代わりに、ヨハネに、次の2年半の間私たちが従ったプロセスの始まりとなる、もう1つの質問をしました。

「ヨハネ、あなたがなすようになる、あるいは、既になしていると考える10%の人々を私に見せてくれますか？私のプランは、10%の人々をキープし、残りをあきらめて、彼らが、私たちがするようトレーニングしたことの全てを実践するまで、トレーニングを書き換えることなのです。」

ヨハネは、実践するであろう10%の人々を私に見せました。私たちは、他を無視して、次のミーティングのためにトレーニングを書き直しました。1ヶ月後、私たちはもう1つの1週間のトレーニングを提供し、後に、ヨハネにまた同じ質問をしました：彼らのうちの何パーセントがなすでしょう？と。

ヨハネは言いました、「ダン博士、私は、今回、彼らがあなたが教えたことの15%を実践するであろうことを確信しています」と。

私は言葉を失いました。私が、私がアメリカで牧師として学び、他の教会全てのことを元に、「最良中の最良」なことを付け加え、先月からトレーニングを書き換えたことを、ヨハネは知らなかったのです。そのセミナーは私が与えなくてはいけない最良のものを含んでいました…そして学習者のたった15%しかそれを実践するようにならなかったのです！

　このようにして、イエスの教えの布教トレーニングのシステムを向上させ、発展させて、私たちは2年半私たちが使って来たプロセスを開始しました。各月に、私たちは1週間のセミナーを教え、そしてセミナーが終わった後にフィードバックのセッションを設けました。１つの質問が、私たちの努力を導きました：何パーセントの人がトレーニングによって、なすようになる（あるいは、既になしている）のでしょうか？

3ヶ月目までには、私たちのパーセンテージは20%まで上昇しました。次の月には、25%になりました。ある月には、私たちは全く前進できなかったことすらありました。他の月には、急に飛躍することもありました。しかしながら、発展段階を通じて、1つの明確な条理が見いだされました。私たちが他者に、イエスの例に従うようトレーニングすればするほど、彼らは、同じことを他者にトレーニングするようになるのです。

私は、ヨハネと他の国民が、私に、私たちがトレーニングしてきた人々が私たちが教えて来たことの90%を実践している、と伝えてきた日のことをまだ覚えています。私たちは私たちの西洋的な方法や、アジア的な方法や、PhDの訓練や、経験を積み、そしてイエスが私たちに従うよう残した例だけを信じるよう習ってからとても長い時間を経て来たのです。

これが、イエスの教えの布教トレーニング（FJT）がどのように成立したか、というお話です。一途な信奉者の育成は、信者たちが、福音、使徒行伝、信徒書簡、そして教会史に見られるイエスの5つの計画に従うことができるようにする体験型のトレーニング・システムです。トレーニングの旅の目標は、情報の伝達ではなく、情報の伝播です。このため、レッスンは、鍵となる精神的な真実のシンプルな「種」です。さらに、それは多いに複製可能なものです。彼らは精神的な指導者に従い、「少しのパン種でも、粉のかたまり全体をふくらませ」、そして信者が、教えを伝える熱烈なキリストの追従者となるよう促すのです。

このマニュアルにおける教材を何も変えずに（あなたが働いている場所の文化的背景にトレーニングを適用させる以外は）、最低5回教えなさい。そして、あなたがこのトレーニングを促進した最初の5回を導くトレーニングチームが、あなたと共にいると想像しなさい。一途な信奉者の育成は、あなたが順番に他者をトレーニングしていくまで明らかにならない、隅々まで行き渡るダイナミックさを持っています。これまで、この教材で、私たちは何千万人もの人々（信者と不信仰者）を東南アジアとアメリカにおいて指導してきました。他の人々が既に犯して来た間違いを避けるため、この指示に従いなさい！覚えていなさい、頭のいい人は彼の過ちから学びますが、賢い人は、他者の過ちから学ぶのです。

　始めるとき、私たちはまずあなたに、イエスの教えの布教トレーニングが、私たちがトレーニングしてきた人々を変えたのと同じぐらい、私たちを変えて来たということを分かち合いたいと思います。神が同じように多くのことをあなたの人生になさいますように！

パート1

基本

棋

イエスの計画

天国に到達するためのイエスの計画には、5つのステップがあります：主によって強く生きること、福音を共有すること、信奉者を育成すること、グループを創始し、教会設立へと導くこと、そしてリーダーを産むことです。それぞれのステップは個別に成立していますが、他のステップを円環状に強化します。イエスの教えの布教トレーニングは、トレーナーがイエスに従うことによって、人々の中における教会設立運動のきっかけとなる能力を与えます。

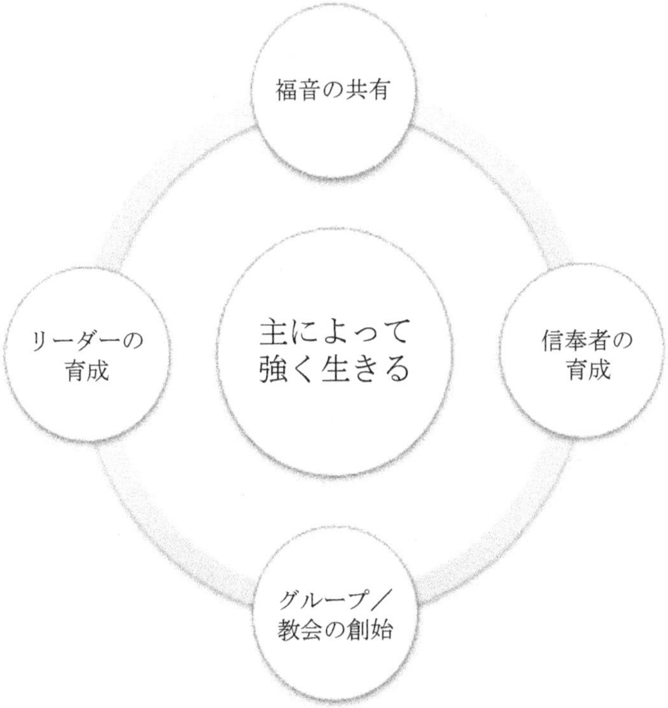

「一途な信奉者の育成」は、最初の3つのステップについて述べます。それは、主によって強く生きること、福音を共有すること、信奉者を育成することです。学習者は、信者数増加のためのヴィジョンを与えられ、どのようにしてそうするかについてトレーニングを受けます。それは、小さな集団を導き、祈り、イエスの命令に従い、そして精霊の力と共に歩む（主によって強く生きる）ことです。学習者はそれから、彼らの活動している場所がどこであれ、どのようにして神と一緒になるかを発見します。彼らは神の教訓を共有し、福音をもたらし、そして人々の間における信者数増加へのヴィジョンを他者と共有します（福音の共有）。コースの修了によって、学習者は、信奉者育成のためのツール（ステップ3）を得、彼らを集団へと導きます。

「一途な信奉者の育成」を使って他者を育成する誠実な学習者は、必要に応じて、「一途な教会の設立」もしくは「一途なリーダーのトレーニング」へと学習を続けることができます。「一途な教会の設立」は、教会が、協会設立運動を率い、新しい集団や教会を始める（イエスの計画の中の4ステップ目）ことを可能とするために書かれました。「一途なリーダーのトレーニング」もまた、協会設立運動を最終目的とし、熱血的で精神的なリーダーを育成する（イエスの計画の中の5ステップ目）ためのシステムです。双方のトレーニングは、イエスの役割とメソッドを、学習者が学び、共有することの出来る簡単で、複製可能なツールによって探求して行きます。

以下の聖書の一節は、イエスの手段についての5つの上記のステップを証明します。ペテロとパウロのこの戦略は、イエスと同じやり方を彼らが真似していることを示します。「イエスの教えの布教トレーニング」は、私たちに同じことをすることを可能とします。

イエス

主とともに強く生きよ

ルカによる福音書　第2章52節

イエスはますます知恵が加わり、背たけも伸び、そして神と人から愛された。

福音の共有

マルコによる福音書　第1章14-15節

ヨハネが捕らえられた後、イエスはガリラヤに行き、神の福音を宣べ伝えて言われた、「時は満ちた、神の国は近づいた。悔い改めて福音を信ぜよ！」（NLT）

信奉者の育成

マルコによる福音書　第1章16-18節

さて、イエスはガリラヤの海辺を歩いて行かれ、シモンとシモンの兄弟アンデレとが、海で網を打っているのをごらんになった。彼らは漁師であった。イエスは彼らに言われた、「私についてきなさい。あなたがたを、人間をとる漁師にしてあげよう」。すると、彼らはすぐ網を捨てて、イエスに従った。(CEV)

集団／教会の設立

マルコによる福音書　第3章14-15節

そこで十二人をお立てになった。彼らを自分のそばに置くためであり、さらに宣教につかわし、また悪霊を追い出す権威を持たせるためであった。（NLT）（マルコによる福音書　第3章16-19、31、35節も参照せよ）

リーダーのトレーニング

マルコによる福音書　第6章7-10節

また、十二弟子を呼び寄せ、ふたりずつつかわすことにして、彼らにけがれた霊を制する権威を与え、また旅のために、つえ一本のほかには何も持たないように、パンも、袋も、帯の中の銭も持たず、ただわらじをはくだけで、下着も二枚は着ないように命じられた。そして彼らに言われた、「どこへ行っても、家にはいったなら、その土地を去るまでは、そこにとどまっていなさい。（マルコによる福音書　第6章11-13節も参照せよ）

ペテロ

主とともに強く生きよ

使徒行伝　第1章13-14節

彼らは入って来ると、泊まっていた階上の部屋に上がった。それは、ペトロ、ヨハネ、ヤコブ…。これ

らの者たちはみな、女たちやイエスの母マリア、およびイエスの兄弟たちと共に、心を合わせて、祈りと嘆願のうちにひたすらとどまっていた。(NLT)

福音の共有

使徒行伝　第2章38-39節

ペトロは彼らに言った、「悔い改めなさい。そして，あなた方はそれぞれ、罪の許しのためにイエス・キリストの名において洗礼を受けなさい。そうすれば、聖霊を贈り物として受けるでしょう。」(CEV)

信奉者の育成

使徒行伝　第2章42-43節

彼らは、使徒たちの教えと、交わりと、パンを裂くことと、祈りとのうちにひたすらとどまっていた。恐れがすべての魂に生じ、多くの不思議な業としるしが使徒たちによって行なわれていた。(NASB)

集団／教会の設立

使徒行伝　第2章44-47節

信じた者たちは皆一緒にいて、すべての物を共有した。自分たちの所有物や持ち物を売り、必要に応じてみんなに分配した。日ごとに、心を合わせて神殿にひたすらとどまっており、家ではパンを裂き、喜びとまごころをもって食事を共にし、神を賛美し、

民のすべてから好意を持たれていた。主は、救われてゆく人々を日ごとにその集会に加えていった。(NASB)

リーダーのトレーニング

使徒行伝　第6章3-4節

ですから、兄弟たち、あなた方の中から、聖霊と知恵とに満ちた評判の良い人を7人選び出しなさい。私たちがこの仕事の上に任命するためです。私たちのほうは、祈りとみ言葉の奉仕とにひたすらとどまることにします」。

パウロ

主とともに強く生きよ

ガラテヤ人への手紙　第1章15-17節

けれども、生まれたときから私を選び分け、恵みをもって召してくださった方が、異邦人の間に御子を宣べ伝えさせるために、御子を私のうちに啓示することをよしとされたとき、私はすぐに、人には相談せず、先輩の使徒たちに会うためにエルサレムにも上らず、アラビヤに出て行き、またダマスクスに戻りました。

福音の共有

使徒行伝　第14章21節

この町で福音を宣教し、多くの弟子を作ってから、彼ら［パウロとバナルバ］はリュストラ、イコニオム、さらにアンティオキアへと引き返した。

信奉者の育成

使徒行伝　第14章22節

弟子たちの魂を強め、信仰のうちにとどまるように、また、「わたしたちは多くの苦しみを経て神の王国に入らなければならない」と勧告した。

集団／教会の設立

使徒行伝　第14章23節

彼らのために集会ごとに長老たちを任命し、断食をもって祈り、彼らをその信じている主にゆだねた。

リーダーのトレーニング

使徒行伝　第16章1-3節

彼はデルベとリュストラにやって来た。すると見よ，テモテという名の弟子がいた。信者であるユダヤ婦人の息子で，その父はギリシャ人であった。リュストラとイコニオムにいた兄弟たちは，彼につい

て良い証言をしていた。パウロは彼を一緒に連れて行きたいと思った…

教会の歴史

教会の歴史を通じて、同様の5つのステップは明らかです。聖ベネディクトであろうと、アッシジの聖フランチェスコであろうと、ピーター・ワルドーであろうと、ワルドー派であろうと、ヤコブ・シュペーナーであろうと、経験主義者であろうと、ジョン・ウェスレーであろうと、メソジストであろうと、ジョナサン・エドワーズであろうと、ピューリタンであろうと、ギルバート・テナントであろうと、バプチスト派であろうと、ドーソン・トロットマンであろうと、ネビゲイト派であろうと、ビリー・グラハムであろうと福音主義派であろうと、ビル・ブライトであろうとキャンパス・クルセード・フォー・クライストであろうと、同じパターンが起こり、繰り返されるのです。

　イエスはマタイによる福音書第16章18節で「私は私の教会を建てます」と仰せになりました。このパターンは、イエスのメソッドであり、イエスの教えの布教トレーニングは、信者がイエスに心、魂、精神、力すべてを捧げて着いて行くことを助けます。

トレーナーのトレーニング

このセクションは、どのようにしてトレーナーをトレーニングするかを詳細に書きます。まず、あなたが「一途な信奉者の育成」で他者をトレーニングした後に合理的に期待される効果をお教えしたいと思います。それから、あなたのトレーニングのプロセスを概観したいと思います。それは、最も重要な命令である、1)崇拝、2)祈り、3)学習、4)練習の4つです。最後に、私たちは、何千人ものトレーナーをトレーニングする間に発見した、トレーナーをトレーニングする鍵となるポイントを共有します。

結果

「一途な信奉者の育成」を修了した後、学習者は以下のことができるようになっているでしょう：

- 極めて再現性の高い訓練過程を基に、イエスへの服従に根ざした9つの基本的な信奉の在り方を教えること。
- イエスの信奉者を現す8つの明らかな絵を思い出すこと。
- 最も偉大な戒めに基づく、シンプルで小さな集団を率いること。
- 自信を持った表現で、力強い聖書と福音書を共有すること。

- 29の行動の地図を用いて、亡くなった者のもとにたどり着き、信奉者をトレーニングするための確固たるヴィジョンを提示すること。
- 信奉者のグループを始め（あるものは教会になります）、そして他者に同じことをするようトレーニングすること。

プロセス

それぞれのセッションは、同じフォーマットで始まります。

賞賛

- 10分間
- 誰かに、セッションを開き、神の祝福とグループ全員の導きのために祈るよう頼んでください。誰かに、いくつかの合唱歌もしくは賛美歌（コンテクストによります）を導くことに協力するよう頼んで下さい。楽器の使用はオプションです。

祈り

- 10分間
- 学習者たちが、以前組んだのとは違う人を選んでペアを組むようにアレンジしましょう。それぞれの学習者は、彼らのパートナーと以下の質問に対する答えを共有します。

  1. 私は今日、救済すべき亡くなった人々に対して、どのようにして祈ることができましょうか？
  2. 私たちは、あなたがトレーニングしているグループのために、どのように祈ることができますか？

- もしもパートナーがまだ誰もトレーニングした経験がないのならば、その人の影響力の及ぶ範囲にいる、トレーニングを始めるのに相応しい人のために祈りなさい。

学習

「イエスの教えの布教トレーニング」のシステムは以下のプロセスを利用します：賞賛、祈り、学習、そして練習です。このプロセスは、33ページからはじまるシンプルな崇拝モデルに基づいています。「イエスの教えの布教トレーニング」における10のレッスンにおいては、「学習」のセッションは以下のように記されています。

- 30分間
- すべての「学習」セッションは、「復習」から始まります。これは、キリストの8つの絵と、これまでマスターしたレッスンの復習です。このトレーニングの終わりまでには、学習者はすべてのトレーニングを暗記して復唱することができるようになるでしょう。
- 「復習」の後で、トレーナーもしくは見習いは、学習者に対して、いずれ交互にトレーニングをするのだから、よく聞くよう促し、現在のレッスンをトレーニングします。
- トレーナーがレッスンを示すとき、彼らは以下の過程をなすべきです。

    1. 質問をします。
    2. 聖書の一節を読みます。
    3. 学習者に対し、質問に答えるよう促します。

このプロセスは、神の言葉を、先生としてではなく、人生の権威として位置づけます。先生は、あまりにしょっちゅう、質問をし、答えを与え、そして答えを聖書の一節で補強します。その課程は神の言葉よりもむしろ、権威としての先生をもたらします。

- もし、学習者が質問に正しく答えなくても、正してはなりません。代わりに、参加者に、大声で聖書の中の一節を読み、再び答えるよう言いなさい。
- それぞれのレッスンは、節を覚えることで終わります。トレーナーと学習者は一緒に立ち、そして10回暗記する節を唱えます。まず、節の場所を言い、それから、節を言います。最初の6回は、学習者は自身の聖書や生徒手帳を使います。最後の4回は、節を暗記して言います。学習者は、彼らが節を引用する度に、節の参照個所を言い、そして言い終えたときに座らなくてはいけません。

練習

- 30分間
- 前に、トレーナーは「祈り」の部分のために学習者を分けました。彼らの祈りのパートナーは、彼らの練習のパートナーでもあります。
- それぞれのレッスンは、誰がペアの「リーダー」になるか選ぶ方法があります。リーダーは最初に教える人です。トレーナーはグループのペアで、リーダーを選ぶやり方を伝えます。
- トレーナーを真似して、リーダーは彼らのパートナーをトレーニングします。トレーニングの期間は復習と新しいレッスンを含み、そして節の暗記で終わらなくてはなりません。学習者は、「節を覚えなさい」を復唱し、そして言い終えたときに座らなくてはいけません。これにより、トレーナーはどの学習者が終わったか見ることができます。
- ペアの最初の人が終わったら、2人目の人がこのプロセスを繰り返します。このことにより、彼らもまたトレーニングができます。ペアが、近道をしてレッスンを端折ることのないよう注意しなさい。
- 彼らが練習している間、あなたに正確に従っているか確かめるために部屋を歩いて回りなさい。手振りをさぼおっていることは、あなたの真似をしていないということを意味します。あなたのスタイルをコピーすべきであることを、何度も強調しなさい。
- 彼らに新しいパートナーを探させ、そしてまた練習するようにさせなさい。

エンディング

- 20分間
- ほとんどのセッションは学習活動の実践によって終わります。学習者たちに、彼らの使徒行伝第29の地図に対して働く時間を十分にとらせ、彼らが働くとき、歩きまわって他の人々の考えを見ることを促しなさい。
- 必要なアナウンスメントを行い、そしてそれから誰かにセッションにおける祝福のために祈るよう言いなさい。前に祈ったのとは違う人に祈るよう言いなさい。トレーニングの最後までには、皆が、最低1回は祈るべきです。

条理

私たちは、過去10年の間、数千人もの人々を教えて来て、以下の条理を見いだしました。私たちの経験では、この条理は、文化的に特有なものではありません。私たちはこれがアジア、アメリカ、そして、アフリカ（まだ私たちはヨーロッパについては知りませんが！）で機能することを知っています。

- 5のルール。学習者たちは、他の人を自信を持って訓練する前に、5回練習をしなくてはなりません。レッスンを練習することは、誰かがレッスンを練習することを聞くか、彼ら自身でレッスンを練習することを含みます。このことから、私たちは、練習の時間を二度とることを奨励します。学習者は、1度祈りのパートナーと練習し、それから、他のパートナーとレッスンを再びするため交代します。
- 多いよりも少ない方が良いです。多くの学習者は、彼らの従順性のレベルを超えて教育されています。トレーナーの間におけるよくある間違いは、学習者が従うことのできる情報量を超えた情報を与えることです。このようなタイプのトレーニングに長くさらされると、学習者は、知識ばかりを有史、少ししか実践できないようになります。私たちはいつも、学習者たちに、彼らのかかえ、適応することのできる情報の「バックパック」を与えます。「重荷」ではなく。
- 異なった学習者は、異なったように学習します。人々の学習に対するアプローチには、3つの異なった態度があります：聴覚、視覚、そして、触覚です。高度に複製可能なトレーニングのためには、3つのスタイルすべてをそれぞれのレッスンにおける学習に取り入れなくてはなりません。しかしながら、ほとんどのトレーニングは、多くて1つもしくは2つのスタイルに依拠しています。私たちの目標は、すべてのグループの人々の間で、情報の伝播を見ることです。私たちのトレーニング・システムは、結果として、1つたりともスタイルを除外することがないよう、3つ全ての学習スタイルを内包しています。
- プロセスと内容は重要です。研究者は、聖人の教育において多くの発見を見いだしてきました。それは、私たちに、情報伝達的ではなく、情報伝播的な教育をなすよう促してきました。例えば、私は、大多数の生徒にとって、よく用いられる「講義形式」がよくないメソッドであることを知っています。悲しいことに、海外でなされているトレーニングの多くはこの方法によっています。私たちは、イエスの教えの布教トレーニング・システムの複製可能性に特化しています-それは私たちのレッスンを次世代の学習者に複製してもらうことを可能にすることを重視しているのです。

- 復習し、復習なさい。記憶のために、屢々用いられる語は、「何かを心から覚える」です。私たちのトレーニング・システムは人々の心が変わったことを見ることです。結果として、私たちの目標の1つは、それぞれの生徒に、トレーニングコース全体をそらんじてもらうことです。それぞれの学習時間の最初の、「復習」のセクションは、学習者がこれをする助けとなります。復習を飛ばしてはなりません。私たちの経験上、東南アジアの、3年生レベルまでしか教育を受けていない米農家の人でさえ、手振りを使って一途な信奉者の育成のコンテンツ全体を繰り返すことができます。
- レッスンを組み立てなさい。私達が他者をレッスンするとき、私たちは学習者に、記憶させ、自身を持たせる助けとするため、レッスンを「組み立て」ます。例えば、私たちは最初の質問を尋ね、聖書の一節を読み、答えを与え、手振りを行います。それから、次の質問を読んで同じプロセスをたどります。私たちが3つ目の質問に行く前に、しかしながら、私たちは、質問を復習し、答え、そして質問1と2のための身振りを行います。それから、私たちは質問 3に進みます。私たちは、この同じ繰り返しのパターンをレッスンを通じて行い、それぞれの新しい質問についてレッスンを「組み立て」ます。このことは、学習者がレッスン全体をコンテクストにおいて理解し、それをよりよく記憶する助けとなります。
- お手本となりなさい。人々は、彼らのお手本を見てなします。トレーニングは、教材を生かすことであり、ただ、他者に情報を教えることではありません。神がどのように私たちの人生において働いているか、についての新鮮な話は、私たちがトレーニングする人々を触発します。トレーニングはただの仕事ではありません、それはライフスタイルなのです。教会設立運動は、この態度を受け入れた人々のグループの中の信者の数の割合として、直接現れてくるのです。

シンプルな礼拝

シンプルな礼拝は、イエスの教えの布教トレーニングにおける重要な部分です。それは、信奉者の育成のための鍵となるスキルの１つです。偉大な戒律に基づき、シンプルな礼拝は、人々に、どのようにして神を心から、魂から、精神から、そして力を尽くして神を愛するための命令に従うかを教えます。

　私たちは、私たちは、神の愛を心から愛しますから、私たちは神を賞賛します。私たちは神を魂から愛しますから、私たちは祈ります。私たちは、神を精神から愛しますから、私たちは聖書を学びます。私は神を全力で愛しますから、私たちは他者とそれを分かち合うため、学んだことを練習します。」

　神は、シンプルな礼拝ができると見いだされた場所ならどこでも、家、レストラン、講演、日曜学校、パゴダでさえ、東南アジア中の小さなグループを祝福なさいました。

スケジュール

- 4人のグループは、シンプルな礼拝の時間を終えるためにおよそ20分をかけます。
- セミナーにおいて、私たちはシンプルな礼拝を一日の最初および／または食後に行います。
- あなたが最初にシンプルな礼拝をするときは、グループのために手本となりなさい。それぞれのパートをどのようにすべきか説明する時間をとりなさい。

- シンプルな崇拝のお手本となった後で、それぞれの人々に、トレーニング「においてパートナーを選ぶよう言いなさい。ふつう、学習者は友達を選びます。皆がそのパートナーを見つけたならば、それぞれのペアに対し、他のペアと合流するよう言いなさい-これによって、1グループ4人になります。
- グループに、数分与えて、自身のグループの「名前」をつけるよう言いなさい。それから、部屋をまわってそれぞれのグループの名前を聞きなさい。以降のトレーニングにおいて、グループを名前で呼ぶよう心がけなさい。
- ウィークリーな形式においては、私たちはまず人々にシンプルな礼拝を教えることを好みます。私たちは後の2つのセッション中に、再びそれを検討し、実践します。

プロセス

- 人々を4つのグループにわけなさい。
- それぞれの人々は、シンプルな礼拝の違う部分を担当します。
- シンプルな礼拝を練習するときは毎回、学習者に、トレーニングの最後で彼らがそれぞれのパートを最低2回はやったことがあるようにするため、彼らの導くシンプルな礼拝の部分をローテーションさせるようにします。

賞賛

- １人の人が、2つの合唱歌または賛美歌（あなたのコンテクストによる）を歌うことでグループを率います。
- 楽器はいりません。

- トレーニングのセッションにおいて、学習者に、まるで彼らがカフェのテーブルに一緒に座っているかのように彼らのイスを置くよう言いなさい。
- 全てのグループは、異なった歌を歌います。それは良いことです。
- グループに対し、今はグループとして心から神を賞賛する時間であって、どのグループが最も大きな声で歌えるかを競う時間ではないことを告げなさい。

祈り

- 別の人（賞賛を導いたのとは違う人）がグループの祈りの時間を率います。
- 祈りのリーダーは、それぞれの祈りのためのグループのメンバーにリクエストを聞き、それを書きます。
- 祈りのリーダーは、グループが再び出会うまで、これらのアイテムのために祈る義務があります。
- それぞれの人がその祈りのリクエストを分かち合った後、祈りのリーダーはグループのために祈ります。

学習

- グループ内の別の人がグループの学習の時間を率います。
- 学習のリーダーは聖書の中の話を彼または彼女自身の言葉で伝えます。私たちは、最低でも最初は、福音の中のお話をお勧めします。
- グループによっては、あなたは学習リーダーにまず聖書の話を読み、そしてそれを彼ら自身の言葉で伝えるよう言います。
- 学習リーダーが聖書の話を伝えた後で、彼らは3つの質問をします。

1. この話は、神について私たちにどんなことを教えますか？
2. この話は、人々について私たちにどんなことを教えますか？
3. 私がイエスに従うことを助けるため、この話から学ぶべきことは何ですか？

- グループは、学習リーダーがディスカッションが終わろうとしていると感じるまで、それぞれの質問をともに検討します。それから、リーダーは次の質問に移ります。

練習

- 4人グループ内の別の人がグループの練習の時間を率います。
- 練習リーダーは、グループがレッスンを再び復習し、そして皆がレッスンを理解し、他者に教えることができることを確かめます。
- 練習リーダーは、学習リーダーが言ったのと同じ聖書の話をします。
- 練習リーダーは、学習リーダーがしたのと同じ質問をし、そしてグループは再びそれぞれの質問をディスカッションします。

エンディング

- シンプルな礼拝のグループは、別の賛美歌を歌うこと、もしくは、神の祈りを一緒に言うことで終わりになります。

覚えるべき鍵となること

- 4人組が、シンプルな崇拝には一番良いです。もし5人グループを作る必要があるときは、1個だけつくりなさい。3人組2つのほうが、6人組の1つのグループよりは良いです。
- シンプルな崇拝における複製可能性の鍵の１つは、賞賛、祈り、学習、そして練習という4つのパートを順番にそれぞれの人々が練習することにあります。4人グループは、新しいスキルを学習する助けとなり、より大きなグループよりも脅威的ではありません。
- グループに、彼らの心の言葉で礼拝するよう促しなさい。もし、グループの中に歌手がいないのならば（これはよく起きます）、そのグループに賛美歌を一緒に音読するよう促し助けなさい。
- 練習のセッションを通じ、グループを率いている練習のリーダーに十分時間を許すよう伝えなさい。この、練習時間における説明責任を果たすことは、シンプルな礼拝のグループの再生産にもつながります。練習のセッションなしでは、時間が、他の聖書の勉強グループのように費やされてしまいます。これは本当にあなたが望んだことですか？
- もうお気づきのように、イエスの教えの布教トレーニング（FJT）の10のセッションにおいて用いられているシンプルな礼拝のフォーマットは同じです：それは、賞賛、祈り、学習、そして練習です。大きな違いは、「学習」のコンテンツの導入です。イエスの教えの布教トレーニング（FJT）の最後には、学習者は何回もシンプルな礼拝のフォーマットを練習し終えたことでしょう。私たちの祈りは、彼らがグループを率い、他者に一緒にシンプルな礼拝をするよう促すことなのです。

パート2

トレーニング

1

歓迎

「歓迎」とは、トレーナーと学習者を引き合わせ、トレーニングセッションまたはセミナーを開くことです。トレーナーは、学習者に対し、身振りとともに、以下のようなイエスの8つの絵を提示します。それは、兵士、探求者、羊飼い、種をまく人、息子、聖なる人、召使い、そして財産管理人です。人は聞いて、見て、行うことによって学ぶので、イエスの教えの布教トレーニングは、各々のセッションにおいてこれらの学習スタイルを取り入れています。

聖書は、聖霊が私たちの先生であると言います。学習者は、トレーニングの間中、聖霊を信頼することを勧められます。このセッションは、トレーナーと学習者の間に、よりリラックスした雰囲気をもたらす、イエスの信奉者の集まった「ティー・ショップ」を開くところで終わります。

賞賛

- 誰かに、神の存在と祝福のために祈るよう頼んでください
- 2つの合唱歌もしくは賛美歌を一緒に歌ってください

はじめに

トレーナーの紹介

トレーナーと学習者とは、最初セッションの開始時に円になる必要があります。テーブルが用意されているのなら、予め移動させておきましょう。

- トレーナーは学習者の自己紹介の見本となります。
- トレーナーと見習い（付録Cは実習生の役割について記しています）はお互いに自己紹介をします。彼らは、相手の名前、家族に関する情報、人種（もし可能であれば）、そして神が一ヶ月の間どのようにして彼らを祝福したかを共有します。

学習者の紹介

- 学習者をペアに分けましょう。

  彼らに伝えなさい、「私と私の見習いがしたように、お互い自己紹介をしなさい」と。

- 彼らは相手の名前、家族に関する情報、人種、そして神が前の一ヶ月の間どのようにして彼らを祝福したか

を共有します。彼らが忘れないよう、生徒手帳にそれらの情報を書き込ませるようにするとよいでしょう。

- およそ5分後、学習者のペアに対し、最低5組の他のパートナーに、自分がパートナーに自己紹介したのと同じように自己紹介をさせましょう。

イエスの紹介

「私たちはあなたたちに自己紹介をしました、そしてあなたたちはお互いに自己紹介をしました。今、私はあなたたちにイエスを紹介したいと思います。聖書の中にはたくさんのイエスの絵がありますが、私たちは、ここでは、8つの主なものに特化したいと思います。」

聖書の中の8つのイエスの絵

- ホワイトボードに円を描き、キリストの絵をリストにしましょう。生徒たちにそれらを数回順番に復唱さなさい―彼らがそれを簡単に暗唱できるまで。

  「イエスは、兵士、探求者、羊飼い、種をまく人、息子、聖なる人、召使い、そして財産管理人です。」

  - 兵士
    剣を挙げなさい。
  - 探求者
    目の上に手をあて、前後を見なさい。
  - 羊飼い
    まるで人々を集めるかのように、あなたの体の方に腕を動かしなさい。
  - 種をまく人
    手から種をまきなさい。
  - 息子
    まるで食べているかのように、あなたの体の方に手を動かしなさい。
  - 聖なる人
    お決まりの「祈りの手」のポーズに手を組んでください。「イエスは聖なる人、私たちは聖徒となるよう召された」

🖐 召使い

ハンマーを巧みに使いなさい

🖐 財産管理人

シャツのポケットや財布からお金を取り出しなさい。

「絵は1000の言葉ほどにものを言うのです、そしてこれらの聖書の絵はあなたがイエス『と』ともに歩んでいるということについて、より深い識見をもたらすこととなるでしょう。1つの絵は、私たちに、明確なヴィジョンと、イエスがどのようにして業をなすのかを認識するための能力を授けるのです。」

「父は新聞を読んでいましたが、若い息子は遊んでほしくて邪魔をし続けました。数回の邪魔の後、新聞の1ページをばらばらに切ってパズルにしました。彼は彼の息子に、それらの紙片を取り、元通りにするよう言いました。そのようにして、彼は息子と遊んだのです。」

「父は、息子がこの作業をするには多くの時間を要するため、残りの紙面を読むのに十分な時間がとれるだろうと信じていました。しかし、息子は10分後に、『パズル』が完成したと言って戻って来たのです。彼がどのようにしてそんなに早く仕上げたのかを尋ねたとき、息子は答えました。『簡単だったよ。裏に絵があったから、絵をぜんぶつなげ合わせたら裏にある文字も全部つなぎ合わさったんだ。』」

「これらの、イエスの8つの絵じゃ、あなたがイエス『と』ともに歩んでいるということについて、明確なヴィジョンを授けます。」

「誰かに従うということは、その人が何かをなすことについて真似をするということです。見習いは、仕事を学ぶため、師の真似をします。生徒たちは、彼らの先生のようになります。私たちは皆、誰かを真似しているのです。私たちが真似をする人が、私たちがなる人なのです。私たちのトレーニングの時間では、私たちは質問をし、聖書の中に答えを求め、イエスがどのように歩んだかを見いだし、そして彼に従う練習をします。」

私たちが最も良く学ぶための３つの方法とは？

「人々が学ぶやり方には3通りあります。皆、3つ全てを使いますが、私たちは皆、最良の1つの方法を学びたいと考えています。このトレーニングでは、私たちは、それぞれのレッスンで人々が習うことのできる3つ全てのやり方を用いるので、あなたは、あなた独自の学習スタイルに基づき、その材料をマスターすることができます。」

「ある人たちは聞くことによって最も良く学びます。このため、私たちはいつも聖書の一節を大声で読み、声に出して質問をします。」

聞くこと

あなたの耳の周りに手をかざしなさい。

「ある人たちは見ることによって最もよく学びます。このため、私たちは絵や演劇を、重要な真実を説明するために用います。」

見ること

あなたの目を指差しなさい

ある人たちは行うことによって最もよく学びます。このため、私たちは、私たちが何について話し、練習しているのかを身振りで示します。

行うこと

あなたの手でうねるような動きを示してください。

「聞くこと、見ること、そして行うことは、私たちの3人の主な先生となります。聖書はまた、聖霊が私たちの先生であることを伝えます。セミナーを通じて、私はあなたたちに対し、聖霊に頼ることを求めます。なぜなら、彼こそが最もよく教える者だからです。」

エンディング

ティー・ショップが開店したよ！

「あなたはどちらの場所をより楽しみますか？教室ですか？それとも友達と過ごすティー・ショップ（もしくはコーヒー・ショップ）ですか？」

「私たちは教室でたくさんのことを学び、私たちは和達達の先生たちを尊敬するべきです。しかしながら、私たちが友達、先生、そして町のことを最もよく学ぶのは、ティー・ショップの中においてです。これはイエスが地に舞い降りたときと同じです。

ルカによる福音書第7節31-35章

だから今の時代の人々を何に比べようか。彼らは何に似ているか。それは子供たちが広場にすわって、

互いに呼びかけ、『私たちが笛を吹いたのに、あなたたちは踊ってくれなかった。弔いの歌を歌ったのに、泣いてくれなかった』と言うのに似ている。なぜなら、バプテスマのヨハネがきて、パンを食べることも、ぶどう酒を飲むこともしないと、あなたがたは、おれは悪霊につかれているのだ、と言い、また人の子がきて食べたり飲んだりしていると、見よ、あれは食をむさぼる者、大酒を飲む者、また収税人、罪人の仲間だ、と言う。しかし、知恵の正しいことは、その全ての子が証明する。（CEV）」

「私たちは、ティー・ショップにおいて、よりリラックスします。もし、イエスが今日、再び地に舞い降りたならば、彼はティー・ショップかコーヒー・ショップで時間を過ごすでしょう。彼は、最初に訪れたとき、このようにしたのです。ですから、私たちはこのトレーニング・センターをティー・ショップに変えたいと思います。」

- この時点で、学習者に対し、お茶、コーヒー、そしていくつかの軽食を用意しましょう。

「ティー・ショップが開店したよ！」の目的は、リラックスした、よりインフォーマルなトレーニングの雰囲気を作ることです。言い換えると、それはイエスが弟子をトレーニングするのに近いやり方のグループの在り方なのです。

2

繁殖

「繁殖」は、財産管理人としてのイエスを表しています。財産管理人たちは、彼らの時間と財産に対する良きリターンを欲しています。学習者は、実り多きものへのヴィジョンを、1）神の人類に対する最初の命令、2）イエスの人類に対する最後の命令、3）222の信条、そして、4）ガラリヤの海と死海の違いについて、を、探求することで、獲得することができます。

　このレッスンは、他者をトレーニングすることと、ただ教えることとの間に見られる「収穫物」、あるいは成果の違いを実演するアクティブ・ラーニング・スキットで終わります。学習者たちは、どのようにして神の世界を賞賛し、祈り、学ぶのかを、他の人々にトレーニングさせ、宣教するよう求められます。このような時間、財産そして誠実さを投資することにより、学習者はイエスと天国で会ったときに、彼にすてきな贈り物をすることができるのです。

賞賛

- 誰かに、神の存在と祝福のために祈るよう頼んでください
- 2つの合唱歌もしくは賛美歌を一緒に歌ってください

祈り

- 学習者たちが、以前組んだのとは違う人を選んでペアを組むようにアレンジしましょう。
- それぞれの学習者は、彼もしくは彼女のパートナーと以下の質問に対する答えを共有します。

> 「私は今日、あなたのためにどのようにして祈ることができましょうか？」

- パートナーたちは祈ります。

学習

復習

それぞれの復習のセッションは同じです。学習者に対し、立って、前のレッスンで学んだことを復唱するよう言ってください。手振りも一緒に行うようにさせてください。

イエスの教えの布教を助ける聖書の中の8つの絵とは何ですか？
兵士、探求者、羊飼い、種をまく人、息子、聖なる神、召使い、そして財産管理人です。

私たちの精神世界は、風船のようなものです。

- 風船を手にとり、グループに見せ、そして説明なさい、「私たちの精神世界は、風船のようなものです」と。
- 風船を膨らませるとき、私たちは神から祝福を受けています、とご説明ください。風船から空気を抜いて、言いなさい、「神は私たちに与えます、ですから私たちは他者に与えます。私たちは祝福をなすため、祝福されているのです。」
- 精神世界の「内と外」の性質を示すため、このプロセスを数回繰り返してください。

「私たちの多くは、しかしながら、私たちが与えられたものを与えず、それを私たち自身のために保持してしまいます。おそらく、私たちは、それを与えると、神が私たちに補給してくださらないと思っているのでしょう。おそらく、私たちは、与えることは難しすぎると考えているのでしょう。」

- 私たちは風船を膨らませ続けますが、ときに少し空気を放出させます。それはあなたが「罪悪感を感じる」からです。神はあなたにとても多くのものを与えるのに、あなたは他者に多くのものを与えていないのです。最後に、風船をそれが割れるまで吹いてください。

「私たちの精神世界はこの説明のようなものです。誰かが私たちにレッスンを施したとき、私たちは他の人に私たちが学んだこと教えなくてはならないのです。私たちが祝福を受けたとき、私達は他者を祝福しなくてはなりません。もし、私たちがこれをしなかったとき、私たちの精神世界において大きな問題を来します！私たちが与えられたものを与えないことは、スピリチュアルな失敗への道となります。」

イエスはどのようですか？

マタイによる福音書第6章20-21節

むしろ自分のため、虫も食わさず、さびもつかず、また、盗人らが押し入って盗み出すことのない天に、宝をたくわえなさい。あなたの宝のある所には、心もあるからである。

「イエスは財産管理人です。彼は他のどの何よりも、お金、所有物、そして私たちの優先することについてのお話をされています。財産管理人として、イエスは私たちに投資し、良きリターンを望んでいるのです。」

財産管理人

シャツのポケットや財布からお金を取り出すまねをしなさい。

財産管理人のする3つの事とは何ですか？

マタイによる福音書第25章14-28節

また天国は、ある人が旅に出るとき、その僕どもを呼んで、自分の財産を預けるようなものである。すなわち、それぞれの能力に応じて、ある者には5タラント、ある者には2タラント、ある者には1タラントを与えて、旅に出た。

5タラントを渡された者は、すぐに行って、それで商売をして、ほかに5タラントもうけた。2タラントの者も同様にして、ほかに2タラントもうけた。しか

し、1タラント渡された者は、行って地を掘り、主人の金を隠しておいた。

だいぶ時がたってから、これらの僕の主人が帰ってきて、彼らと計算をしはじめた。すると5タラント渡された者が進み出て、ほかの5タラントをさし出して行った、『ご主人様、あなたは私に5タラントをお預けになりましたが、ごらんのとおり、ほかに5タラントもうけました』。主人は彼に言った、『良い忠実な僕よ、よくやった。あなたはわずかなものに忠実であったから、多くのものを管理させよう。主人と一緒に喜んでくれ』。2タラントの者も進み出て言った『ご主人様、あなたは私に2タラントお預けになりましたが、ごらんのとおり、ほかに2タラントもうけました』。　主人は彼に言った、『良い忠実な僕よ、よくやった。あなたはわずかなものに忠実であったから、多くのものを管理させよう。主人と一緒に喜んでくれ』。1タラントを渡された者も進み出て言った、『ご主人様、私はあなたが、まかない所から刈り、散らさない所から集める酷な人であることを承知していました。

そこで恐ろしさのあまり、行って、あなたのタラントを地の中に隠しておきました。ごらんください。ここにあなたのお金がございます』。すると、主人は彼に答えて言った、『悪い怠惰な僕よ、あなたは私が、まかない所から刈り、散らさない所から集めることを知っているのか。

それなら、私の金を銀行に預けておくべきであった。そうしたら、私は帰ってきて、利子と一緒に私の金を返してもらえたであろうに、さあ、そのタラントをこの者から取りあげて、10タラント持っている者にやりなさい。 (HCSB)

1. 財産管理人は彼らの財産を賢く投資します。

「イエスは、主人のお金を投資することを課された私たちに3人の召使いの話をします。内、2人は主人の金を賢く投資しました。」

2. 財産管理人は、彼らの時間を賢く投資します。

「イエスは私たちの予定表の最初のところに、彼の国を置いて欲しいと願っています。」

3. 財産管理人は、誠実に生きます。

「イエスは私たちの誠実さや実直さを小さなことから見抜くので、彼はより多くのものを私たちに預けます。」

「イエスは財産管理人であり、彼は私たちのうちに住んでいます。私たちが彼に従ったとき、私たちもまた、財産管理人になるのです。私たちは私たちの財産と時間を賢く投資し、誠実に行きます。」

神の人類に対する最初の命令は何だったのでしょう？

創世記　第1章28節

神はまた、彼らを祝福し、このように神は彼らに仰せられた。「生めよ。ふえよ。地を満たせ。地を従えよ。海の魚、空の鳥、地を這う全ての生き物を支配せよ。」 (NASB)

「神は私たちに、繁殖し、肉体的に子供を産むよう仰せになりました」

神の人類に対する最後の命令は何だったのでしょう？

マルコによる福音書　第16章15節

そして彼らに言われた。「全世界に出て行って、全ての造られたものに福音を宣べ伝えよ。」

「イエスは彼の弟子に、繁殖し、精神的に子供を産むよう仰せになりました」

私たちはどのようにして、よく産み、繁殖するのですか？

テモテへの手紙第2　第2章2節

そして、あなたが多くの証人の前で私から聞いたことを、さらにほかの者たちにも教えることのできるような忠実な人々に、ゆだねなさい。(NASB)

「私たちが他者をトレーニングするとき、私たちがトレーニングを受けたようにして行い、そのことによって神は私たちの生命を繁殖させるのです。私たちはこれを、『222の信条』と呼びます。イエスはパウロとして、姿を現しました。パウロはテモテとして、姿を現しました。そしてテモテは、他の信仰深い人々を同様にトレーニングしました。そして歴史を通じ、それは繰り返されるのです、いつの日か、誰かがあなたと共に、イエスについて共有するまで。」

ガラリヤ海／死海 ଓ

- 次のページにある絵を書きなさい。順番に、あなたがまるでイラストのそれぞれの部分を教えるかのようにして。この絵は、完成図です。

  「イスラエルには、2つの海があります。これらの名前を知っていますか？」

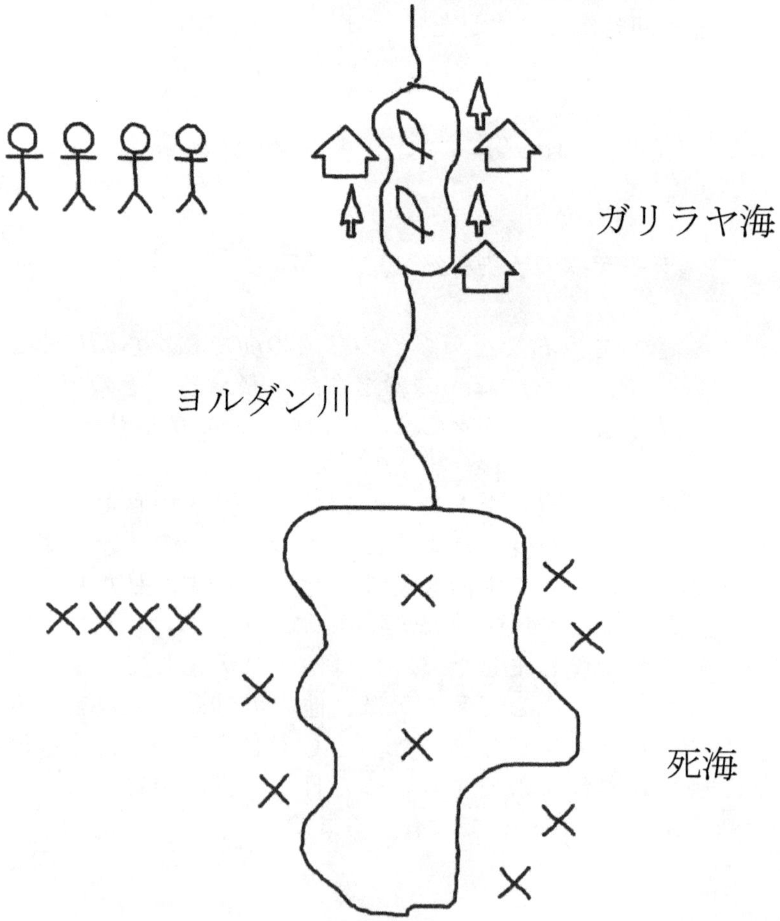

（ガラリヤ海と死海）

- てっぺんに、2つの円を描き、小さい方を上にしましょう。これらを線でつなぎましょう。小さい方の円の上から、下に向かって線をひきましょう。2つの海に名前をつけましょう。

  ガラリヤ海と死海につながる海です。これの名前を知っていますか？

（ヨルダン川）

- 川に名前をつけましょう。

  「ガラリヤ海と死海は大きく異なります。

  ガラリヤ海には多くの魚がいます。」

- ガラリヤ海に魚を描きましょう。

  「死海には魚がいません。」

- 死海にXを描きましょう。

  「ガラリヤ海の近くには多くの木が生えています。」

- ガラリヤ海の周りに木を描きましょう。

  「死海には木が生えていません。」

- 死海の周りにXを描きましょう。

  「ガラリヤ海の近くには多くの村落があります。」

- ガラリヤ海の周りに村落を描きましょう。

  「死海には村落がありません。」

- 死海の周りにXを描きましょう。
  「ガラリヤ海の近くには有名な人たちが住んでいます。彼らの名前を知っていますか？」

（ペテロ、アンデレ、ヤコブ、ヨハネ）

- ガラリヤ海の周りに4人の棒人間を描きましょう。

  「死海の近くには有名な人は住んでいません。」

- 死海の周りにXを描きましょう。

  「どうして死海は『死』んでいて、ガラリヤ海は『生』きているのでしょう？」

  なぜならば、ガラリヤ海には流れ出して、流れ込む水があるが、死海には流れ込む水しかないからです。

  「この絵は私たちの精神世界です。私たちは祝福を受け、祝福を与えるべきなのです。私たちが教えを受けたとき、私たちは他者に教えるべきなのです。そうやって、私たちはガラリヤ海のようになるのです。もしも、私たちがそれを自分たちの内に保持していたならば、私たちは死海になってしまうのです。」

  「どちらの海に、より簡単になり得るでしょう？死海でしょうか？ガラリヤ海でしょうか？ほとんどの人々は、与えるよりも受け取ることを好むために、死海のようです。しかしながら、イエスの教えに従う人はまるでガラリヤ海のようです。イエスは彼の父から受け取ったものを、他者に与えました。私たちが他者が他者にトレーニングを施すために他者にトレーニングを施すとき、私たちはイエスの例に従っているのです。」

「あなたはどちらの海になりたいですか？私はガラリヤ海のようになりたいです。」

節を覚えなさい

ヨハネによる福音書　第15章8節

あなたがたが実を豊かに結び、そして私の弟子となるならば、それによって、私の父は栄光をお受けになるであろう。

- 全員がたち、10回節を一緒に言って覚えましょう。最初の6回は、学習者は自身の聖書や生徒手帳を使います。最後の4回は、節を暗記して言います。学習者は、彼らが節を引用する度に、節の参照個所を言い、そして言い終えたときに座らなくてはいけません。
- この習慣に従うことで、トレーナーは、「練習」セクションにおけるレッスンを終えたのがどのチームかを知ることができます。

練習

- 学習者に対し、このセッションのために祈りのパートナーと向き合って座るよう言いましょう。パートナーは、お互いに順番でレッスンを教え合います。

「ペアのうち、若い方の人がリーダーです。」

- これは、単純に、彼らが最初にトレーニングを受ける、ということを意味します。
- 21ページの、「トレーナーをトレーニングするプロセス」に従いなさい。
- あなたが「学習」のセクションしたことをそっくりそのまま彼らに教えるよう、強調しましょう。

「質問をし、聖書の一節を一緒に読み、そして私はあなたたちとしたのと同様のやり方で質問に答えなさい。私があなたたちと一緒にしたのと同様のやり方で、ガラリヤ海と死海の絵を描き、暗記した節を引用しなさい。あなたたちは皆、ガラリヤ海と死海の絵を描くために、紙をきれいにしなくてはなりません。」

- レッスンをお互いに教え合った後、学習者に、パートナーを変え、レッスンを再び教えるように言いましょう。終わったら、学習者にこのレッスンを終えた後、このレッスンを共有したい誰かのことを考えるようにさせましょう。彼らに、レッスンの最初のページのてっぺんに、その人の名前を書かせましょう。

エンディング

イエスの贈り物

- スキットの手助けをするボランティアをするよう、誰かに頼みましょう。
- ボランティアを部屋の一方に、あなたは違う方に立ちましょう。

「私は、あなたたち皆に、私たち（ボランティアと私）が同じ精神的な成熟度を持っていると考えて欲しいのです。私たちは共に：」

🖐 賞賛し、
神に祈るために手を挙げましょう

🖐 祈り、
お決まりの祈りのポーズをしましょう

🖐 聖書を学びます
本を読んでいるかのように手のひらを上にしましょう

🖐 他者に、イエスについて教えます
種を蒔いているかのように手を外に向けます。

- 1つの違いを除き、あなたたちが同じ精神性を有していることを強調しなさい。
- 「私たちの間の唯一の違いは彼（または彼女）が、トレーニングを施すことでキリストへと導くこととなる人たちに対してトレーニングするということです。私は、私がキリストへと導く人たちのみを教えます。私は、彼らに他者へのトレーニングを行わせるために彼らにトレーニングを施すのではありません。」

「さあ、私はそのトレーニングの違いをあなた立ちに見せたいと思います。」

- あなたとボランティアは1年に1人、キリストのもとに人を導くのだ、と説明なさい。
- あなたとボランティアは共にオーディエンスのところに行き、1人をあなたの場所に連れて来て、あなたと一緒に立つようにさせなさい。

「1年後には、違いがないことがわかるでしょう。私は1人の人をここに連れていて、彼は1人の人をあそこに連れています。」

- しかしながら、ボランティアは、彼がキリストのところへと導いた人のみをトレーニングするのです。同じ手振りをしなさい；このときは、双方が手振りを練習しなさい。あなたは自分自身で手振りを実演するのです。

「2年目に、何が起こるか見てみましょう。彼と私はともに、誰かをキリストの下に連れて行きました。唯一の違いは、彼が彼の連れて来た人々に対し、同じことをするよう、トレーニングを施すことです。ですから今年は、私は私自身で1人、キリストの下へ連れて行きますが、他のグループにいる2人はグループで1人、キリストの下へ連れて行くのです。」

- あなたとボランティアは、オーディエンスのところへ出向き、次の信奉者を選びます。それから、トレーナーの信奉者もまた、新たな信奉者を選びます。

「2年後には、やはりまだそれほど違いがないことがわかるでしょう。私は2人の人をここに連れていて、彼は3人の人をあそこに連れています。」

- 再び、ボランティアと彼／彼女と共にいる3人の人たちは身振りを交えて練習をしますが、あなたのグループでは、あなただけが身振りを行います。
- このプロセスを数「年間」、全ての人々がトレーニングのため選ばれるまで続けてください。あなたがアクションをする度に、あなたは、改心させた人に対し、賞賛し、祈り、神の言葉を学び、良き知らせを共有するようにさせるべきですが、彼らにそれを行うよう言ってはいけません。

- どこかの時点で、もう人がいなくなってしまうでしょう。その場合は、人々に、もし他の信奉者をもう連れて来ることができないのなら、2人の人がいる、ということを示すために、2本の手を上げるように言いましょう。
- 5年目までには、学習者はあなたによって教えられた人の数よりもボランティアによって教えられた人の数の方が圧倒的に多いことに気付くでしょう。繰り返し、あなたがあなたの信奉者を愛しており、彼ら似強くなってほしいので、多くのことを教えたいのだ、しかし、決して、他者へのトレーニングを行わせるために、トレーニングを施してはならない、ということを強調なさい。

「あなたが天国に着いたとき、どのようなプレゼントをあなたのために十字架上で死したイエスのために授けたいですか？私が持っているような、一握りの人々ですか？それとも、彼（や彼女）のようにたくさんの人々ですか？」

- あなたの部屋の向こう側にいるボランティアを指差してください。

「神は私たちに、よく生み、繁殖するよう仰せになります。私はイエスのようになり、他者をトレーニングする他者をトレーニングしたいのです。私は私がトレーニングした、さらにまた他者をトレーニングする、多くの人々を、大きなプレゼントとしてイエスに与えたいのです。私は私の財産と時間の財産管理人であり、誠実に生きたいのです。」

- 他のグループに参加するよう、あなたのグループに言い、そして皆が指導者となれるようお互いに訓練するよう言いましょう。
- 「イエスへの贈り物」のスキットのボランティアに、祈りを捧げセッションを終えるよう言いましょう。

3

愛

「愛」は、羊飼いとしてのイエスを学習者に紹介します。羊飼いは、導き、保護し、そして羊に養います。私たちは、神のみ言葉によって教えるときに、人々を「養い」、しかし、私たちが神について最初に人々に教えるべきことは何なのでしょうか？学習者は、最も重要ないましめを学び、愛の源が何であるのかを突き止め、そして最も重要ないましめに基づき、どのようにして崇拝すればよいのかを見いだします。

学習者は、鍵となる4つの要素によって、シンプルな信奉者のグループを率いる練習をします：賞賛（神を心から愛すること）、祈り（神を魂から愛すること）、聖書の話（神を精神から愛すること）、そして練習のスキル（このことにより、神を全力で愛することができます）です。最後のスキット「羊と虎」では、信者の中に多くの信奉者のグループがあることの重要性を実演します。

賞賛

- 誰かに、神の存在と祝福のために祈るよう頼んでください。
- 2つの合唱歌もしくは賛美歌を一緒に歌ってください

祈り

- 学習者たちが、以前組んだのとは違う人を選んでペアを組むようにアレンジしましょう。
- それぞれの学習者は、彼らのパートナーと以下の質問に対する答えを共有します。

    1. 私は今日、救済すべき亡くなった人々に対して、どのようにして祈ることができましょうか？
    2. 私たちは、あなたがトレーニングしているグループのために、どのように祈ることができますか？

- もしもパートナーがまだ誰もトレーニングした経験がないのならば、その人の影響力の及ぶ範囲にいる、トレーニングを始めるのに相応しい人のために祈りなさい。
- パートナーたちは共に祈ります。

学習

復習

それぞれの復習のセッションは同じです。学習者に対し、立って、前のレッスンで学んだことを復唱するよう言ってください。手振りも一緒に行うようにさせてください。

イエスの教えの布教を助ける、聖書の中の8つのイエスの絵とは何ですか？

兵士、探求者、羊飼い、種をまく人、息子、聖なる神、召使い、財産管理人です。

複製

財産管理人のする3つの事とは何ですか？
神の人類に対する最初の命令は何だったのでしょう？
神の人類に対する最後の命令は何だったのでしょう？
私たちはどのようにして、よく産み、繁殖するのですか？
イスラエルにある2つの海の名前は何ですか？
どうしてそれらはそんなに異なるのですか？
あなたはどちらのようになりたいですか？

イエスはどのようですか？

マルコによる福音書　第6章34節

イエスは船から上がって大ぜいの群衆をごらんになり、飼う者のない羊のようなその有様を深くあわれんで、いろいろと教えはじめられた。(NASB)

「イエスは良き羊飼いです。彼は群衆を愛し、その問題を見て、そして彼らに彼の道を教え始めます。彼は私たちの内に住み、そして私たちの人生において共に生きるのです。」

羊飼い

まるで人々を集めているかのように、あなたの体の方に手を動かしなさい。

羊飼いのする3つの事とは何ですか？

詩篇　第23章1-6節

主は羊飼い、私には何も欠けることがない。主は私を青草の原に休ませ、憩いの水のほとりに伴い、魂を生き返らせてくださる。主は御名にふさわしく、私を正しい道に導かれる。死の陰の谷を行くときも、私は災いを恐れない。あなたが私と共にいてくださる。あなたの鞭、あなたの杖、それが私を力づける。私を苦しめる者を前にしても、あなたは私に食卓を整えてくださる。私の頭に香油を注ぎ、私の杯を溢れさせてくださる。命のある限り、恵みと慈しみはいつも私を追う。主の家に私は帰り、生涯、そこにとどまるであろう。(NASB)

1. 羊飼いは、正しい道に羊を導きます。
2. 羊飼いは、彼らの羊を守ります。
3. 羊飼いは、彼らの羊を養います。

「イエスは羊飼いです。そして、私が彼に従うように、私たちもまた羊飼いとなるのです。私たちは、イエスへと人々を見抜き、人々を悪から守り、そして彼らに神のみ言葉を与えます。」

他者に教えるべき、最も大事ないましめはなんですか？

マルコによる福音書　第12章28-31節

ひとりの律法学者がきて、彼らが互いに論じ合っているのを聞き、またイエスが巧みに答えられるのを

認めて、イエスに質問した、「全てのいましめの中で、どれが第一のものですか。」イエスは答えられた、「第一のいましめはこれである、『イスラエルよ、聞け、主なるわたしたちの神は、ただひとりの主である。心をつくし、精神をつくし、思いをつくし、力をつくして、主なるあなたの神を愛せよ。』第二はこれである、『自分を愛するようにあなたの隣人を愛せよ。』これより大事ないましめは、ほかにない。」

神を愛せ

🖐 神に向かって、手を上方へ向けなさい。

人々を愛せ

🖐 人々に向かって、手を外側に向けなさい。

愛はどこから来るのですか？

ヨハネ第一の手紙　第4章7-8節

愛する者たちよ。わたしたちは互に愛し合おうではないか。愛は、神から出たものなのである。全て愛する者は、神から生まれた者であって、神を知っている。愛さない者は、神を知らない。神は愛である。(HCSB)

愛は神からもたらされます。

「したがって、私たちは愛を神から受け取り、私たちは愛を神に返すのです。」

神から受け取るかのように手を上げ、そして愛を神に返しましょう。

「私たちは愛を神から受け取り、私たちは愛を他者に与えるのです。」

神から受け取るかのように手を上げ、そして愛を他者に与えるかのように手を広げましょう。

シンプルな崇拝とは？

賞賛

神の賞賛の内に、手を上方へ向けなさい。

祈り

お決まりの「祈りの手」のポーズをしなさい。

学習

まるで本を読むかのように、手のひらを上に向けてください。

練習

まるで種を蒔くかのように、手を前後に動かしなさい。

私たちはどうしてシンプルな崇拝をするのですか？

マルコによる福音書　第12章30節

心をつくし、精神をつくし、思いをつくし、力をつくして、主なるあなたの神を愛せよ。

私たちは…	手振り
神を心から愛します	心に手をあて、そして神の賞賛の内に、手を上方へ向けなさい。
神を魂から愛します	手を握り、そしてお決まりの祈りのポーズをしてください。
神を精神から愛します	まるで考えているかのように頭の右側に手を当て、そしてまるで本を読むかのように、手のひらを上に向けて下さい。
神を全力で愛します	腕を挙げて筋肉を曲げ、そして種を蒔くかのように、手を前後に動かしなさい

- 学習者と共に、シンプルな崇拝のアウトラインを復習しましょう。シンプルな崇拝のそれぞれのパートは、私たちに、イエスの最も重要ないましめに従うようト

レーニングします。マルコによる福音書第12章30節に見いだされるように。
- このレッスンは、シンプルな崇拝の目的を説明します。学習者と共に、数回手振りを練習しましょう。「私たちは、神の愛を心から愛しますから、私たちは神を賞賛します。私たちは神を魂から愛しますから、私たちは祈ります。私たちは、神を精神から愛しますから、私たちは学びます。私は神を全力で愛しますから、私たちは練習します。」

シンプルな崇拝のためには、何人の人が集まれば良いのですか？

マタイによる福音書　第18章20節

2人または3人が、わたしの名によって集まっている所には、わたしもその中にいるのである。

「イエスは、2人または3人の信者が一緒にいる場所には、彼もまた共にいることを約束されました。」

節を覚えなさい

ヨハネによる福音書　第13章34-35節

わたしは、新しいいましめをあなたがたに与える、互いに愛し合いなさい。わたしがあなたがたを愛したように、あなたがたも互いに愛し合いなさい。互いに愛し合うならば、それによって、あなたがたがわたしの弟子であることを、全ての者が認めるであろう。(NLT)

- 全員がたち、10回節を一緒に言って覚えましょう。最初の6回は、学習者は自身の聖書や生徒手帳を使います。最後の4回は、節を暗記して言います。学習者は、彼らが節を引用する度に、節の参照個所を言い、そして言い終えたときに座らなくてはいけません。
- この習慣に従うことで、トレーナーは、「練習」セクションにおけるレッスンを終えたのがどのチームかを知ることができます。

練習

- 学習者に対し、このセッションのために祈りのパートナーと向き合って座るよう言いましょう。パートナーは、お互いに順番でレッスンを教え合います。

  「ペアのうち、年上の人がリーダーです。」

- 21ページの、「トレーナーをトレーニングするプロセス」に従いなさい。
- あなたが「学習」のセクションしたことをそっくりそのまま彼らに教えるよう、強調しましょう。

  「質問をし、聖書の一節を一緒に読み、そして私はあなたたちとしたのと同様のやり方で質問に答えなさい。」

- レッスンをお互いに教え合った後、学習者に、パートナーを変え、レッスンを再び教えるように言いましょう。終わったら、学習者にこのレッスンを終えた後、このレッスンを共有したい誰かのことを考えるようにさせましょう。

「すこしの間、ここにいる人以外でレッスンを共有したい誰かのことを考えてみてください。レッスンの最初のページのてっぺんに、その人の名前を書いてください。」

エンディング

シンプルな崇拝

- 学習者を、4人ずつのグループに分けてください。それぞれのグループに対し、メンバーがそのグループに名前をつけることができるよう、1分与えなさい。
- 部屋を回って、彼らの付けたグループ名を聞きましょう。
- 学習者に、これからシンプルな崇拝を一緒に訓練すると告げ、このステップの復習をしましょう。
- シンプルな崇拝のグループにいるそれぞれの人たちは、異なった崇拝を同時に導かなくてはいけません。例えば、同じ時間に、1人は賞賛し、別の1人は祈り、別の1人は学び、別の1人は練習します。
- グループに、近くの他のグループがあるので、優しく崇拝の時間を導くよう言いなさい。学習者に対し、聖書の話を「説教」するのではなく「伝導」するように留意さすぇなさい。学ぶ担当のリーダーに、神の愛についての話をグループに学ばせるよう言いなさい。もし、学習者が聖書のどの話を共有すればいいのかきめかねていたら、放蕩息子の話をするよう提案しなさい。学ぶ担当のリーダーは、以下の3つの質問をするでしょう：

  1. この物語は、神について何を語りますか？
  2. この物語は、人々について何を語りますか？
  3. この物語は、イエスに従うことについての私の理解をどのようにして助けますか？

- 練習担当のリーダーは、学ぶ担当のリーダーの言った聖書の話を再び伝え、そして学ぶ担当のリーダーがしたのと同じ質問をします。グループはそれぞれの質問について、再びまた相談します。

どうして信奉者のグループを始めることがあなたにとって重要なのですか？

羊と虎 ☙

- この部屋は羊のいる牧場である、と説明しなさい。1人のボランティアに、羊の番人（羊飼い）になるよう頼みなさい。3人のボランティアに、虎になるようといいなさい。その他の人々は、羊です。

  「このゲームの目的は、虎に、できるだけ多くの羊を傷つけるようにさせることです。もし、番人が虎に触れたならば、虎はかがんで「死」なくてはなりません。もし、虎が羊に触れたならば、羊はかがんで「傷」つかなくてはいけません。番人は、もし2匹の虎が彼／彼女に触れたならば、同じことをしなくてはなりません。いったん参加者が「傷」ついたり「死」んだりしたら、ゲームが終わるまで彼／彼女はゲームから外れていなくてはいけなせん。

- 事前に、本、鉛筆、そして他の危ない可能性のあるものを床から取り除くよう言いましょう。

  ある人はゲーム中叫ぶかもしれませんが、それは大丈夫です。

- 3つ数えて、「行きなさい！」と言いなさい。全ての虎が死に、全ての羊が傷つくまで、そのままにしておきましょう。全てでなくても、ほとんどの羊が傷つくまでは。番人もまた、傷つくことがあるでしょう。

- グループに、再びゲームをすることを伝えましょう。今度は、しかしながら、番人を5人追加し、3人の虎はそのままにしておきましょう。その他の人々は、羊です。羊たちを、小さなグループになって、番人の近くに群れ集まるよう促しなさい。
- 全ての虎が死ぬか、全ての羊が傷つくかするまで続けさせなさい。全ての虎はいくぶん早く死ぬでしょう。何匹かの羊は傷ついているでしょう。

「これは、私たちがなぜ、新しいグループと教会が必要であるのかを示しています。最初のゲームは、まるで1人の牧師が教会全体を守り、そして大きくしようとしているかのようです。その場合、簡単に、多くのメンバーが悪魔に傷つけられてしまいます。2回目のゲームでは、複数の精神的なリーダーが、彼らの小さなグループを守ることが可能でした。このために、悪魔やその鬼たち（虎）は、そう簡単に、羊を傷つけることはできません。

「イエスは、良き羊飼いです。彼は羊のために、彼の人生を捧げました。私たちは、イエスについて学ぶために私たちを見ている人々に対して、羊飼いたちのように、私たちの『生活』−私たちの時間、祈り、そして関心−を快く与えなくてはいけません。私たちは1つの時空でしか、そんなに多くの人のためにそこにいることはできないのです。偏在するのはイエスだけです。これは、私たちが、他者が他者に教えるために教えなくてはならない理由の１つです。このことにより、これを担う人がまた1人増え、キリストの教えを達成することができるのです。」

4

祈り

「祈り」は、聖なる人としてのイエスを学習者に紹介します。神は聖なる一生を過ごし、私たちのために十字架上で死にました。神は、私たちがイエスに従って聖人になるよう仰せになりました。聖人は神を崇拝し、聖なる生を生き、他者のために祈ります。「イエスの教えの布教トレーニング」では、私たちは、神を賞賛し、罪を償い、私たちに必要なものを神に求め、そして私たちに神がなすよう求めることをなすよう、祈ります。

神は、私たちの祈りに対し、以下の4つのうちの1つのお答えを出されます：いいえ（私たちが間違った動機で求めたならば）、ゆっくりしなさい（時が熟していないならば）、成長なさい（神が答えをなすまで、私たちは成長する必要があったならば）、行きなさい（私たちが神のみ言葉と意志に沿って祈ったとき）。学習者たちは、エレミア書第33章3節に基づき、神の電話番号である3-3-3を覚え、神を毎日「呼ぶ」必要があります。

賞賛

- 誰かに、神の存在と祝福のために祈るよう頼んでください
- 2つの合唱歌もしくは賛美歌を一緒に歌ってください

祈り

- 学習者たちが、以前組んだのとは違う人を選んでペアを組むようにアレンジしましょう。
- それぞれの学習者は、彼らのパートナーと以下の質問に対する答えを共有します。

    1. 私は今日、救済すべき亡くなった人々に対して、どのようにして祈ることができましょうか？
    2. 私たちは、あなたがトレーニングしているグループのために、どのように祈ることができますか？

- もしもパートナーがまだ誰もトレーニングした経験がないのならば、その人の影響力の及ぶ範囲にいる、トレーニングを始めるのに相応しい人のために祈りなさい。
- パートナーたちは共に祈ります。

学習

伝言ゲーム ☙

「あなたは伝言ゲームをしたことがありますか？」

- あなたは、今から、隣人に数語からなる言葉を伝えます。それから、その隣人に対し、さらに隣人へとその数語からなる言葉を伝えていくよう説明しなさい。それぞれの人は、1周するまで、数語からなる言葉を伝えます。
- 最後の人は、彼らが聞いた言葉を繰り返すことでしょう。あなたは、あなたが最初に言った言葉を言い、そして皆はそのフレーズが彼らの聞いた言葉とどの程度似ているか比べることができます。少し変な、何カ所かの部分に別れた言葉を選びましょう。2度、ゲームをやりましょう。

「私たちは、神について多くのことを聞きますが、しかし、私たちは彼に直接話しかけることはありません。私たちのゲームでは、もしあなたが私に私が何を言ったか直接尋ねたならば、それを理解するのは困難でしょう。もし、あなたが複数の人々を通じてそのフレーズを聞いたのならば、過ちを犯しやすくなるでしょう。祈りは、神に直接話しかける術であるため、私たちの精神生活においてとても重要なものなのです。

復習

それぞれの復習のセッションは同じです。学習者に対し、立って、前のレッスンで学んだことを復唱するよう言ってください。手振りも一緒に行うようにさせてください。

イエスの教えの布教を助ける聖書の中の8つの絵とは何ですか？

兵士、探求者、羊飼い、種をまく人、息子、聖なる神、召使い、そして財産管理人です。

複製

財産管理人のする3つの事とは何ですか？

神の人類に対する最初の命令は何だったのでしょう？

神の人類に対する最後の命令は何だったのでしょう？
私たちはどのようにして、よく産み、繁殖するのですか？
イスラエルにある2つの海の名前は何ですか？
どうしてそれらはそんなに異なるのですか？
あなたはどちらのようになりたいですか？

愛

羊飼いのする3つの事とは何ですか？
他者に教えるべき、最も大事ないましめはなんですか？
愛はどこから来るのですか？
シンプルな崇拝とは？
私たちはどうしてシンプルな崇拝をするのですか？
シンプルな崇拝のためには、何人の人が集まれば良いのですか？

イエスはどのようですか？

ルカによる福音書　第4章33-35節

すると、汚れた悪霊につかれた人が会堂にいて、大声で叫びだした。「ああ、ナザレのイエスよ、あなたわたしたちと何の係わりがあるのです。わたしたちを滅ぼしにこられたのですか。あなたがどなたであるか、わかっています。神の聖者です」。イエスはこれをしかって、「黙れ、この人から出て行け」と言われた。すると悪霊は彼を人のなかに投げ倒し、傷を負わせずに、その人から出て行った。

「イエスは聖なる人です。彼は、私たちが崇拝する唯一の方です。彼は、神の座の前に私たちを連れて行きます。彼は、私たちに、他者を連れて行き、彼へと繋がる聖なる生を生きるようお召しになります。イエスは唯一の聖なる人です。私たちは、聖徒になるために召されるのです。」

聖人

お決まりの「祈りの手」のポーズに手を組んでください。

聖人のする3つの事とは何ですか？

マタイによる福音書　第21章12-16節

それから、イエスは宮にはいられた。そして、宮の庭で売り買いをしていた人々をみな追い出し、両替人の台や、はとを売る者の腰掛けをくつがえされた。そして彼らに言われた、「『わたしの家は、祈りの家ととなえられるべきである』と書いてある。それだのに、あなたがたはそれを強盗の巣にしている。」そのとき宮の庭で、盲人や足なえがみもとにきたので、彼らをおいやしになった。しかし、祭司長、律法学者たちは、イエスがなされた不思議なわざを見、また宮の庭で「ダビデの子に、ホザンナ」と叫んでいる子どもたちを見て立腹し、イエスに言った、「あの子たちは何を言っているのか、お聞きですか。」イエスは彼らに言われた、「そうだ、聞いている。あなたがたは『幼な子、乳のみ子たちの口に賛美を備えられた』とあるのを読んだことがないのか。」

1. 聖なる人は、神を崇拝します。

   「私たちは、教会で子供たちがするうように、神を賞賛します。」

2. 聖なる人は、聖なる生を生きます。

   「イエスは、彼の父の家が強欲で汚されるのを許しません。」

3. 聖なる人は、他者のために祈ります。

「イエスは仰せになりました、神の家は祈る者の家である、と。」

「イエスは、聖なる人であり、私たちと共に生きます。私たちが彼に従うと、私たちは彼の聖徒として、聖なる内に成長します。私たちは崇拝し、聖なる生を生き、イエスがしたように、他者のために祈ります。」

私たちはどのようにして祈るべきですか？

ルカによる福音書　第10章21節

そのとき、イエスは聖霊によって喜びあふれて言われた、「天地の主なる父よ。あなたをほめたたえます。これらの事を知恵ある者や賢い者に隠して、幼な子にあらわしてくださいました。父よ、これはまことに、みこころにかなった事でした。」(NASB)

祈り

「イエスは祈る人のところに来て、喜び、神がこの世になしたことに感謝しました。」

祈り

崇拝のために手を挙げる。

ルカによる福音書　第18章10-14節

「ふたりの人が祈るために宮に上った。そのひとりはパリサイ人であり、もうひとりは収税人であっ

た。パリサイ人は立って、ひとりでこう祈った、『神よ、わたしはほかの人たちのような貪欲な者、不正な者、姦淫をする者ではなく、また、この収税人のような人間でもないことを感謝します。わたしは1週に2度断食しており、全収入の10分の1をささげています。』ところが、収税人は遠く離れて立ち、目を天に向けようともしないで、胸を打ちながら言った、『神様、罪人のわたしをおゆるしください』と。あなたがたに言っておく。神に義とされて自分の家に帰ったのは、この収税人であって、あのパリサイ人ではなかった。おおよそ、自分を高くする者は低くされ、自分を低くする者は高くされるであろう。」(CEV)

償い

「この話では、イエスは2人の祈る人を比べています。パリサイ人が祈ったとき、彼は自らを誇り、『罪人』よりも自分の方が上だと考えました。収税人が祈ったとき、彼は神の前で自分を卑下し、彼の罪深い状態を告白しました。イエスは、収税人こそが祈りのうちに神に喜ばれる人物である、と述べます。」

「償いは、私たちの罪を見つめ、そしてそれを再びしないようにすることです。償いをする人は、神によって許され、神を喜ばせます。」

償い

手のひらを返し、顔を覆い、顔を背ける。

ルカによる福音書　第11章9節

そこでわたしはあなたがたに言う。求めよ、そうすれば、与えられるであろう。捜せ、そうすれば見いだすであろう。門をたたけ、そうすれば、あけてもらえるであろう。(HCSB)

問い

「賞賛と償いによって神の霊の一員となった後で、私たちは、私たちが必要とすることのために神に尋ねる準備が出来ています。多くの人々は、尋ねることによって祈りを始めます。しかし、これは失礼なことです。主の祈りは、まず、父の祈りから始め（マタイによる福音書第6章9節）、それから尋ねるようにさい。」

問い

手を受け取るための器状にする。

⌖

ルカによる福音書　第22章42節

「父よ、みこころならば、どうぞ、この杯をわたしから取りのけてください。しかし、わたしの思いではなく、みこころが成るようにしてください。」(HCSB)

報い

「イエスは、ゲッセマネの庭で、十字架にかけられることについて謝罪しました。しかし、彼は仰せになりました、『しかしながら、私の意志ではなく、あなたの意志でなされるのです。』神に私たちが必要なものを求めた後、私たちは彼の言うことに耳を傾け、彼が求めることに報いるのです。」

報い—神が私たちに求める

祈りのために手は組まれ、尊敬を象徴するため、額の先に高く掲げられる。

一緒に祈ること

- 祈りの4つのパートを用いて、グループを祈りの時間へと導きなさい。
- グループの中で、「祈り」と「問い」のセクションの間、グループの全ての人々は声を出して祈ります。「償い」と「報い」のセクションの間、静かに祈りなさい。

「私が『そして全ての神の子は言いました…アーメン』と言ったとき、あなたたちは、そのセクションのための時間が終わりであることを知るでしょう。」

- 学習者に、祈りのどの部分を彼らが練習しているのかを覚えさせるために、祈るときに手振りを使うように促しなさい。

神はどのようにして私たちに答えるのか？

マタイによる福音書　第20章20-22節

そのとき、ゼベダイの子らの母が、その子らと一緒にイエスのもとにきてひざまずき、何事かをお願いした。そこでイエスは彼女に言われた、「何をして

欲しいのか。。彼女は言った、「わたしのふたりのむすこが、あなたの御国で、ひとりはあなたの右に、ひとりは左にすわれるように、お言葉をください。」イエスは答えて言われた、「あなたがたは、自分が何を求めているのか、わかっていない。わたしの飲もうとしている杯を飲むことができるか。」彼らは、「できます」と答えた。

いいえ

「ヤコブとヨハネの母は、イエスに、彼女の息子のために、イエスの楽園における最も優先的なポジションを与えるよう求めました。プライドと権力が彼女をそうさせたのです。イエスは彼女に、父である神のみがその権利を有しているのだから、彼女のリクエストに答えることはできない、と伝えました。神は、私たちが間違った動機で求めたときには『いいえ』と仰せになるのです。」

いいえ—私たちは、間違った動機を持っています。

🖐 「いいえ」を意味するよう、首を横に降ります。

⌖

ヨハネによる福音書　第11章11-15節

そう言われたが、それからまた、彼らに言われた、「わたしたちの友ラザロが眠っている。わたしは彼を起こしに行く。」すると弟子たちは言った、「主よ、眠っているのでしたら、助かるでしょう。」イエスはラザロが死んだことを言われたのであるが、弟子たちは、眠って休んでいることをさして言われたのだと思った。するとイエスは、あからさまに彼

らに言われた、「ラザロは死んだのだ。そして、わたしがそこにいあわせなかったことを、あなたがたのために喜ぶ。それは、あなたがたが信じるようになるためである。では、彼のところへ行こう。」

ゆっくりしなさい

「イエスはラザロが病気であることを知っていました。そして彼はラザロを癒すためにもっと早く到達出来たはずです。しかしながら、イエスは、より偉大な業をなしたかったがために、ラザロが死ぬまで待ちました—復活です。イエスは、ラザロが再び甦ったならば、神の栄光をより偉大なものとし、その信仰を強固なものとできることを知っていたのです。時に、私たちは、期が熟すまで待つ必要があるのです。」

ゆっくりしなさい—私たちは私たち自身ではなく、神のタイミングを待つために待つ必要があります。

徐行する車のように、手を下に押しなさい。

ルカによる福音書　第9章51-56節

さて、イエスが天に上げられる日が近づいたので、エルサレムへ行こうと決意して、その方へ顔をむけられ、自分に先立って使者たちをおつかわしになった。そして彼らがサマリヤ人の村へはいって行き、イエスのために準備をしようとしたところ、村人は、エルサレムへむかって進んで行かれるというので、イエスを歓迎しようとはしなかった。

弟子のヤコブとヨハネとはそれを見て言った、「主よ、いかがでしょう。彼らを焼き払ってしまうよう

に、天から火をよび求めましょうか。」イエスは振りかえって、彼らをおしかりになった。そして一同はほかの村へ行った。(NLT)

成長なさい

「サマリヤ人の村がイエスを歓迎しなかったとき、ヤコブとヨハネは、イエスに、村全体を炎で破壊するよう欲しました。信奉者たちは、イエスのミッションを理解していませんでした：彼は人々を救うために現れたのであり、傷つけるために現れたのではありません。進歩者たちは、成長しなくてはいけないのです！同様に、私たちが神に私たちが本当に必要ではないものを求めたとき、あるいは、私たちの生のために神のミッションに従わなかったとき、イエスは与えません。彼は、私たちに、成長しなくてはならない、と言います。」

成長なさい―神は、まず、私たちにその分野において成長して欲しいと望んでいます。
　🖐 手を、成長している植物の輪郭にしなさい

⌖

ヨハネによる福音書　第15章7節

よく聞きなさい。それと同じように、罪人がひとりでも悔い改めるなら、悔い改めが必要としない99人の正しい人のためにもまさる大きいよろこびが、天にあるであろう。」

行きなさい

「私たちは、イエスに従い、彼のみ言葉によって生きたとき、私たちは神に、私たちが必要なことを求め、神が私たちに与えるということに自信を持ってよいのです。神は、『はい、行きなさい、あなたは得ることができます』と仰せになります。」

行きなさい—私たちは、神の意志に従って祈り、彼は「はい」と言います。

「はい」を意味するよう、首を縦にふり、「行きなさい」を意味するよう、手を前にしなさい。

節を覚えなさい

ルカによる福音書　第11章9節

そこでわたしはあなたがたに言う。求めよ、そうすれば、与えられるであろう。探せ、そうすれば見いだすであろう。門をたたけ、そうすれば、あけてもらえるであろう。

- 全員がたち、10回節を一緒に言って覚えましょう。最初の6回は、学習者は自身の聖書や生徒手帳を使います。最後の4回は、節を暗記して言います。学習者は、彼らが節を引用する度に、節の参照個所を言い、そして言い終えたときに座らなくてはいけません。
- この習慣に従うことで、トレーナーは、「練習」セクションにおけるレッスンを終えたのがどのチームかを知ることができます。

練習

- 学習者に対し、このセッションのために祈りのパートナーと向き合って座るよう言いましょう。パートナーは、お互いに順番でレッスンを教え合います。

  「ペアのうち、背の低い方の人がリーダーです。」

- 21ページの、「トレーナーをトレーニングするプロセス」に従いなさい。
- あなたが「学習」のセクションしたことをそっくりそのまま彼らに教えるよう、強調しましょう。

  「質問をし、聖書の一節を一緒に読み、そして私はあなたたちとしたのと同様のやり方で質問に答えなさい。」

- レッスンをお互いに教え合った後、学習者に、パートナーを変え、レッスンを再び教えるように言いましょう。終わったら、学習者にこのレッスンを終えた後、このレッスンを共有したい誰かのことを考えるようにさせましょう。

  「すこしの間、ここにいる人以外でレッスンを共有したい誰かのことを考えてみてください。レッスンの最初のページのてっぺんに、その人の名前を書いてください。」

神の電話番号

「あなたは神の電話番号を知っていますか？それは3-3-3です。」

エレミア書　第33章3節

わたしに呼び求めよ、そうすれば、わたしはあなたに答える。そしてあなたの知らない大きな隠されている事を、あなたに示す。(NASB)

「毎日、神に電話するよう留意しなさい。彼はあなたからの連絡を待っていて、神の子と話すことを愛していらっしゃいます。」

2つの手–10本の指

- 2つの手を挙げなさい。

  「毎日祈る人の中には、2種類の人がいます：信者と不信仰者です。」

  「私たちは、信仰者のために祈ります。彼らが、イエスに従い、同じことをなすように。私たちは不信仰者のために祈ります。彼らがキリストのもとに届くように。」

- まだ信者ではない5人の人々を選び、右手で数えるように促しなさい。彼らがイエスに従う人になるよう、彼らのために祈る時間をさきなさい。
- 学習者たちに、左手で、彼がイエスに従うよう訓練することのできる信者を数えるように促しなさい。彼らがイエスに心から従う人になるよう、彼ら信者のために祈る時間をさきなさい。

5

追従

「追従」は、召使いとしてのイエスを学習者に紹介します。召使いは、人々を助けます。彼らは、謙虚な心をモチ、そして彼らは主人に従います。イエスが彼の父である神に仕え、従うように、私たちはイエスに仕え、従います。全ての力を持てる者として、彼は4つの従うべき戒めを私たちに与えました：行きなさい、信奉者を育てよ、洗礼せよ、そして、彼が命じたことすべてに従え、と。イエスはまた、彼がいつも共にあることを約束しました。イエスが命令を下したとき、私たちはいつでも、すぐに、心から、それに従うべきであります。

　人生の嵐は全ての人に訪れますが、しかし、賢い人はイエスのいましめに従うことでその人生を設計します。愚か者はそうしません。最後に、学習者は、信奉者のセミナーの終わりに彼らが示す彼らの収穫物の地を描いた使徒行伝第29章の地図を始めます。

賞賛

- 誰かに、神の存在と祝福のために祈るよう頼んでください
- 2つの合唱歌もしくは賛美歌を一緒に歌ってください

祈り

- 学習者たちが、以前組んだのとは違う人を選んでペアを組むようにアレンジしましょう。
- それぞれの学習者は、彼もしくは彼女のパートナーと以下の質問に対する答えを共有します。

  1. 私は今日、救済すべき亡くなった人々に対して、どのようにして祈ることができましょうか?
  2. 私たちは、あなたがトレーニングしているグループのために、どのように祈ることができますか?

- もしもパートナーがまだ誰もトレーニングした経験がないのならば、その人の影響力の及ぶ範囲にいる、トレーニングを始めるのに相応しい人のために祈りなさい。
- パートナーたちは共に祈ります。

学習

ファンキー・チキン・ダンスを踊りなさい! ◯℞

> 「私は今日、これから、あなたたちが一生忘れないようなことをしたいと思います。輪になって私を見てください。あなたたちは、私がする全てのことを真似して下さい。」

- 最初は、皆が真似することのできるシンプルな手振りをやってみましょう。あくびをしてみたり、ほっぺたを叩いてみたり、ひじをなでてみたり、等。皆が簡単にできるよう、ゆっくり、シンプルな動きをしましょう。

  「私に付いて来るのは簡単ですか？そうではないですか？それはどうしてですか？」

  「私はすべてをシンプルに行いましたから、皆さんは私の真似をするのは簡単だったでしょう。さあ、また、私がする全てのことを真似して下さい。覚えていてください、すべて、私がした通りにすることを。」

- 2度目は、ファンキー・チキン・ダンスや、ディスコをするジョン・トラボルタや、フォックストロットの動きを混ぜた動きをやってみて下さい。
- 誰も真似することのできない、オリジナルの、クレイジーで複雑なダンスをやってみましょう。ある人はあなたを真似ようとするでしょうが、ほとんどの人はただ笑って、それは無理だ、言うでしょう。

  「私に付いて来るのは簡単ですか？そうではないですか？それはどうしてですか？」

  「私たちは簡単に複製のできるレッスンをあなたたちに教えます。私たちがこのようにレッスンを教えることで、あなたがいずれ他者をトレーニングすることとなる他者をトレーニングすることができるのです。もし、レッスンが複雑すぎたならば、人々はそれを他者と共有することができません。私たちは、私が他者をトレーニングするときに、イエスのやり方に従いたいのです。」

復習

それぞれの復習のセッションは同じです。学習者に対し、立って、前のレッスンで学んだことを復唱するよう言ってください。手振りも一緒に行うようにさせてください。

イエスの教えの布教を助ける、聖書の中の8つのイエスの絵とは何ですか？

兵士、探求者、羊飼い、種をまく人、息子、聖なる神、召使い、財産管理人です。

複製

財産管理人のする3つの事とは何ですか？
神の人類に対する最初の命令は何だったのでしょう？
神の人類に対する最後の命令は何だったのでしょう？
私たちはどのようにして、よく産み、繁殖するのですか？
イスラエルにある2つの海の名前は何ですか？
どうしてそれらはそんなに異なるのですか？
あなたはどちらのようになりたいですか？

愛

羊飼いのする3つの事とは何ですか？
他者に教えるべき、最も大事ないましめはなんですか？
愛はどこから来るのですか？
シンプルな崇拝とは？
私たちはどうしてシンプルな崇拝をするのですか？
シンプルな崇拝のためには、何人の人が集まれば良いのですか？

祈り

聖人のする3つの事とは何ですか？
私たちはどのようにして祈るべきですか？
神はどのようにして私たちに答えるのか？
神の電話番号は何ですか？

イエスはどのようですか？

マルコによる福音書　第10章45節

人の子がきたのも、仕えられるためではなく、仕えるためであり、また多くの人のあがないとして、自分の命を与えるためである。(NLT)

「イエスは召使いです。イエスの受難は、彼の人生を人類のために与えることによって父キリストに仕えるためのものでした。」

召使い

打ちつけるふりをしなさい。

召使いのする3つの事とは何ですか？

ピリピ人への手紙　第2章5-8節

キリスト・イエスにあっていだいているのと同じ思いを、あなたがたの間でも互に生かしなさい。キリストは、神のかたちであられたが、神と等しくあることを固守すべき事とは思わず、かえって、おのれをむなしうして僕のかたちをとり、人間の姿になられた。その有様は人と異ならず、

おのれを低くして、死に至るまで、しかも十字架の死に至るまで従順であられた！

1. 召使いは他者を助けます。

	「イエスは、私たちが神の家族に再び戻ることを助けるため、十字架の上で亡くなりました。」

2. 召使いは謙虚な心を持ちます。
3. 召使いは彼らの主人に仕えます。

「家は父に従いました。私たちは私たちの主人に従わなくては行けません。」

「イエスは私たちの摘みのために十字架の上で死にました。彼は、謙虚になり、父キリストに従うことをいつも探していました。イエスは、召使いであり、私たちと共に生きます。彼に従うことによって、私たちもまた、召使いになります。私たちは、他者を助け、謙虚な心を持って、主イエスに従うのです。」

誰が世界で最も高い権威を持っているのですか？

マタイによる福音書　第28章18節

イエスは彼らに近づいてきて言われた、「わたしは、天においても地においても、いっさいの権威を授けられた。」

「イエスは天上と天下において、最も高い権威です。彼は、私たちの両親、先生、そして政治家よりももっと権威を持っているのです。実際、彼は、地球上の全ての人を合わせたよりももっと、権威と力を有しています。なぜなら、イエスは最高権威であり、彼が私たちに命令を下すとき、私たちは他の誰よりも先に彼に従わなくてはなりません。」

イエスが全ての信者に下した4つの命令とは何ですか？

マタイによる福音書　第28章19-20章a

それゆえに、あなたがたは行って、すべての国民を弟子として、父と子と聖霊との名によって、彼らにバプテスマを施し、あなたがたに命じておいたいっさいのことを守るように教えよ。

行きなさい

5つの指を歩いている人のように動かしなさい

信奉者を育成しましょう

シンプルな崇拝の、4つの手ぶり全てを使いましょう：賞賛、祈り、学習、練習。

彼らを洗礼せよ

あなたの手を、ひじにあてましょう。まるで誰かが洗礼を受けているかのように、ひじを上下に動かしましょう。

彼らに、彼の命令に従うよう教えよ

まるで本を読んでいるかのように、手のひらを一緒にし、そしてまるで人々に教えているかのように、「本」を上下左右に動かしましょう。

私たちはどのようにしてイエスに従うべきですか？

私は、私たちから神がお望みになる服従の種類を示すため、3つの物語を共有したいと思います。あなたが数分後にそのレッスンをパートナーに教えるときに繰り返すことができるよう、よく聞いて下さい。

いつも

「息子は、父親に、1年のうち、1ヶ月を除いて、彼に毎月従うと伝えました。その月の間、彼は彼がやりたいこと（飲酒したり、学校に行くのをやめたり等）を何でもやるだろう、と。」父親はなんと言ったでしょうか？

「同じ男の子は、父親に『1年のうち、1週間を除いて、あなたに毎週従うが、その月の間、彼は彼がやりたいこと（ドラッグ乱用をしたり、家出をしたり等）を何でもやるだろう』と伝えました。父親はなんと言ったでしょうか？」

「それから男の子は言いました、『1年のうち、1日を除いて、あなたに毎週従うが、その月の間、彼は彼がやりたいこと（結婚したり、誰かを殺したり等）を何でもやるだろう』と伝えました。父親はなんと言ったでしょうか？」

「私たちは、あなたたちの子供たちが、いつも従うことを期待しています。同様に、イエスが命令をするとき、彼はいつも彼に従うことを期待しています。」

いつも
右手を左側から右側へと動かして下さい。

ただちに

「あるところに、母親のことをとても愛する女の子がいました。彼女の母親はひどい病気になり、死にかけていました。母親は彼女の娘に尋ねました、『お願い、水をちょうだい』と。娘は言いました、『はい、あげましょう…（少しの間）来週ね。』母親はなんと言ったでしょうか？」

「私たちは、子供たちに、自分たちの都合に合わせてではなく、ただちに従うよう期待しています。同様に、イエスが命令をするとき、彼は未来のいつかではなく、ただちに、彼に従うことを期待しています。」

ただちに

切るような動きで、手を上から下に動かしましょう。

心からの愛

「あるところに、結婚したがっている若い男がいました。私は、彼に、彼の命令にすべて従うロボットを作ってあげよう、と言いました。彼が仕事から帰ったとき、そのロボットは言うでしょう、『私はあなたのことをとても愛しています。あなたはとてもよく働きましたね。』もし、彼が彼のロボット妻が何かするよう言ったならば、彼女は言うでしょう、『はい、愛しい人。あなたは、世界で最も偉大な人です。』このような妻に対して、私の友達はどのように言ったでしょうか？」（ロボットの台詞を言うときは、ロボットの物真似をしましょう。）」

「プログラム化されたロボットではなく、私たちは愛が心からのものであって欲しいと望んでいます。私たちは本当の愛を欲しています。同様に、神は、愛が心からのものであって欲しいと望んでいます。」

心からの愛

🖐 胸で手を十字にし、それから、神に祈るようなポーズで手を上げなさい。

- 3つの手振りを、数回やって下さい。

「神は私たちに、彼に従ってほしいと思っています：いつも、ただちに、心からの愛で。」

「イエスは、全ての信仰者に4つの命令を下します。私たちはどのようにして従うべきでしょうか？」

彼は私たちに、行きなさいと命令しました。

🖐 指を「歩いている」ポーズにして下さい。

私たちはどのようにして従うべきですか？

「いつも、ただちに、心からの愛で。」

彼は私たちに信奉者の育成を命じられました。

🖐 シンプルな崇拝の、4つの手ぶり全てを使いましょう：賞賛、祈り、学習、練習。

私たちはどのようにして従うべきですか？

「いつも、ただちに、心からの愛で。」

彼は私たちに洗礼をなすよう命じられました。

あなたの手を、ひじにあてましょう。まるで誰かが洗礼を受けているかのように、ひじを上下に動かしましょう。

私たちはどのようにして従うべきですか？

「いつも、ただちに、心からの愛で。」

彼は私たちに彼の命令に従うよう教えるよう命じられました。

まるで本を読んでいるかのように、手のひらを一緒にし、そしてまるで人々に教えているかのように、「本」を上下左右に動かしましょう。

私たちはどのようにして従うべきですか？

「いつも、ただちに、心からの愛で。」

イエスは全ての信者に対して、何を約束していましたか？

マタイによる福音書　第28章20節b

見よ、わたしは世の終わりまで、いつもあなたがたと共にいるのである。

「イエスはいつも、私たちとともにいらっしゃるのです。彼は今、ここに一緒にいらっしゃいます。」

節を覚えなさい

ヨハネによる福音書　第15章10節

もしわたしのいましめを守るならば、あなたがたはわたしの愛のうちにおるのである。それはわたしがわたしの父のいましめを守ったので、その愛のうちにおるのと同じである。(NLT)

- 全員がたち、10回節を一緒に言って覚えましょう。最初の6回は、学習者は自身の聖書や生徒手帳を使います。最後の4回は、節を暗記して言います。学習者は、彼らが節を引用する度に、節の参照個所を言い、そして言い終えたときに座らなくてはいけません。
- この習慣に従うことで、トレーナーは、「練習」セクションにおけるレッスンを終えたのがどのチームかを知ることができます。

練習

- 学習者に対し、このセッションのために祈りのパートナーと向き合って座るよう言いましょう。パートナーは、お互いに順番でレッスンを教え合います。

  「ペアのうち、背の高い方の人がリーダーです。」

- 21ページの、「トレーナーをトレーニングするプロセス」に従いなさい。
- あなたが「学習」のセクションしたことをそっくりそのまま彼らに教えるよう、強調しましょう。

  「質問をし、聖書の一節を一緒に読み、そして私はあなたたちとしたのと同様のやり方で質問に答えなさい。」

- レッスンをお互いに教え合った後、学習者に、パートナーを変え、レッスンを再び教えるように言いましょう。終わったら、学習者にこのレッスンを終えた後、このレッスンを共有したい誰かのことを考えるようにさせましょう。

  「すこしの間、ここにいる人以外でレッスンを共有したい誰かのことを考えてみてください。レッスンの最初のページのてっぺんに、その人の名前を書いてください。」

エンディング

真実の土台に基づいて建てる ☙

- 3人のボランティアに、次のスキットをするように言いなさい：2人にスキットを演じる人に、1人にナレーターになるように。2人のボランティアをあなたの前に置き、ナレーターを隅に置きなさい。スキットを演じる2人の人物は、男性であるべきです。
- ナレーターに、マタイによる福音書第7章24-25節に尋ねました。

「賢い人は、彼の家を石で建てます。」

マタイによる福音書　第7章24-25節

それで、わたしのこれらの言葉を聞いて行うものを、岩の上に自分の家を建てた賢い人に比べることができよう。

雨が降り、洪水が押し寄せ、風が吹いてその家に打ちつけても、倒れることはない。岩を土台としているからである。

- ナレーターがパッセージを読んだ後、風のような音をたて1人目のボランティアに水を垂らしながら、賢い人に何が起こったかを説明しましょう。
- スキットの前に、ボトルの水を隠しましょう。
- ナレーターに、マタイによる福音書第7章26-27節に尋ねました。

「愚か者は、彼の家を砂で建てます。」

マタイによる福音書　第7章26-27節

また、わたしのこれらの言葉を聞いても行わない者を、砂の上に自分の家を建てた愚かな人に比べることができよう。雨が降り、洪水が押し寄せ、風が吹いてその家に打ちつけると、倒れてしまう。そしてその倒れ方はひどいのである。(CEV)

- ナレーターがパッセージを読んだ後、風のような音をたて2人目のボランティアに水を垂らしながら、賢い人に何が起こったかを説明しましょう。彼はスキットの終わり、あなたが「そして大変なことは家の倒壊でした」と言ったとき、倒れなくては行けません。

「私たちがイエスの命令に従うとき、私たちは賢い人のようです。私たちが従わないとき、私たちは愚か者のようです。私たちは、私たちがトレーニングしている人々に、確実にイエスの命令に従って彼らの人生を生きているようにさせなくてはいけません。彼の言葉は人生の困難における確固たる土台なのです。」

使徒行伝第29章の地図 - パート1 ☙

- 「真実の土台」のスキットの後で、学習者に、ポスターの紙、ペン、鉛筆、色鉛筆、クレヨン、マーカー等を与えましょう。
- これから、皆に、神が彼もしくは彼女に行くよう促した場所の地図を作るということを説明しましょう。彼らは、トレーニング中、数回、地図を作る機会があるでしょう。彼らはまた、夕方にもこの作業をするでしょう。この地図は、教えを世界中に行き渡らせるよう、というイエスの命令に彼らが従っていることを示しています。

- 学習者たちに、神が彼らに行くよう命じた場所の地図を描くよう言いなさい。彼らの地図は、道、川、山、ランドマークなどを含みます。もし、学習者たちが、神がどこで彼らを呼んでいるのか分かっていない場合、彼らが生き、生活している場所と、彼らの人生にとって大切な人がいる場所の地図を描くよう促しましょう。これは最高のスタート地点です。

想定可能な地図上のシンブル

家
病院／クリニック
寺院
教会
家庭教会
軍事基地
モスク
学校
市場

学習者たちは以下のことをしたとき、地図をよりよく学ぶことができます。

- まず下書きをして、その後に写してきれいな紙に清書する。
- 歩き回ることで新しいアイデアを得て、他の人が地図に何をしているかを見ましょう。
- トレーニングの最後に、グループに地図を見せ合うのだということを理解させましょう。
- 地図をよりカラフルにするために、クレヨンもしくは色鉛筆を使いましょう。

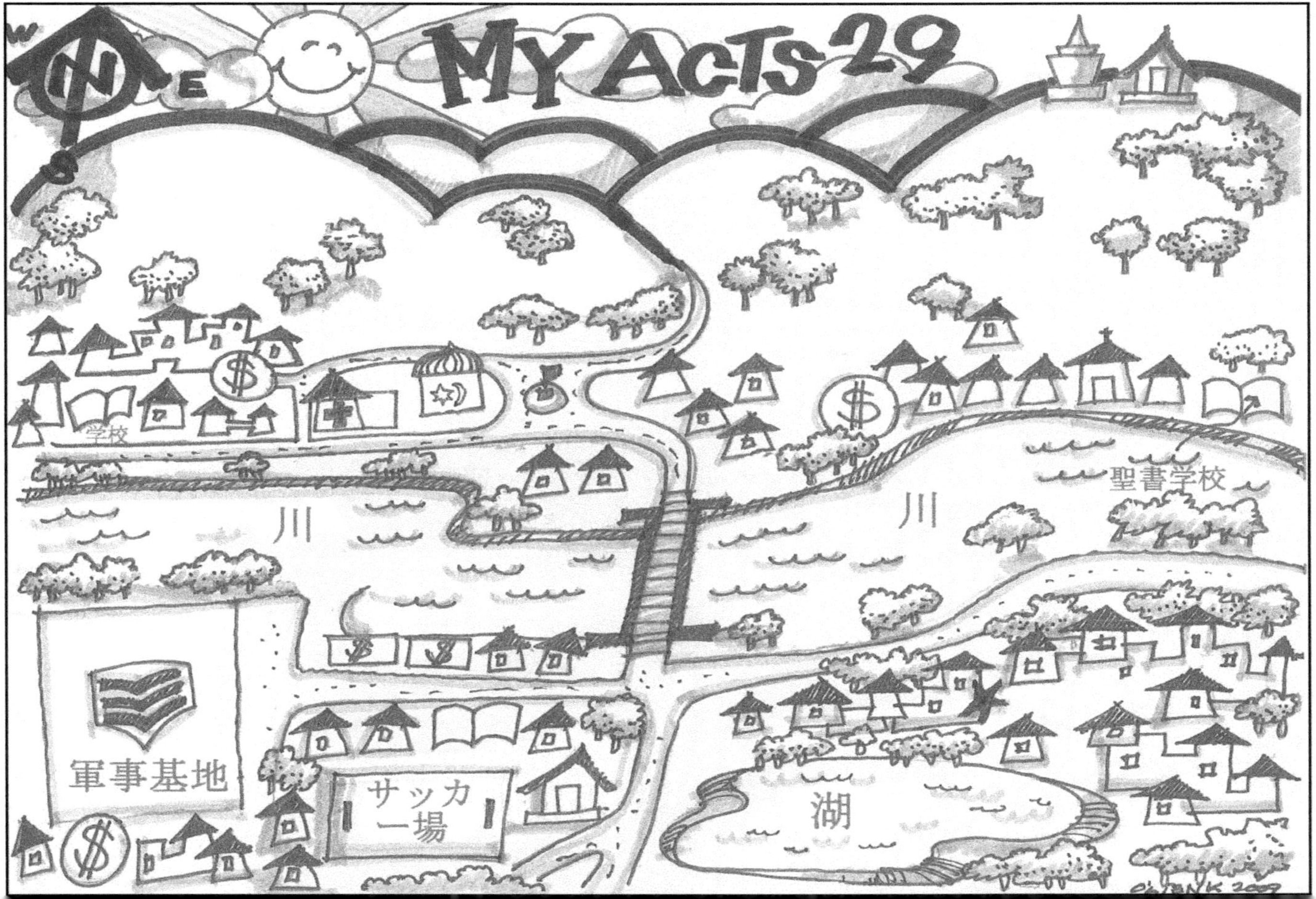

MY ACTS 29
学校
川
川
聖書学校
軍事基地
サッカー場
湖

6

歩み

「歩み」は、学習者たちに、息子としてのイエスを紹介します。息子／娘は彼／彼女の父を賞賛し、統合を望み、そして家族に成功して

欲しいと望みます。父はイエスを「愛されし者」と呼び、聖霊はその洗礼においてイエスに近づきました。イエスは、聖霊の力に頼ったがために、彼の奉仕において成功しました。

同様に、私たちは私たちの人生において、聖霊の力に頼るべきです。私たちは、聖霊に関する4つの従うべき命令を有します：聖霊と共に歩みなさい、聖霊を悲しませてはいけない。、聖霊によって満たされなさい、そして聖霊を消してはなりません。イエスはいま、私たちと共におられ、ガラリヤの道に佇む人ですら助けます。もしも、私たちが人生に、心からイエスに従うことを遠ざけている問題を抱え、癒しを必要としているのなら、イエスを呼ぶことができます。

賞賛

- 誰かに、神の存在と祝福のために祈るよう頼んでください
- 2つの合唱歌もしくは賛美歌を一緒に歌ってください

祈り

- 学習者たちが、以前組んだのとは違う人を選んでペアを組むようにアレンジしましょう。
- それぞれの学習者は、彼らのパートナーと以下の質問に対する答えを共有します。

 1. 私は今日、救済すべき亡くなった人々に対して、どのようにして祈ることができましょうか？
 2. 私たちは、あなたがトレーニングしているグループのために、どのように祈ることができますか？

- もしもパートナーがまだ誰もトレーニングした経験がないのならば、その人の影響力の及ぶ範囲にいる、トレーニングを始めるのに相応しい人のために祈りなさい。
- パートナーたちは共に祈ります。

学習

ガス欠 ☙

「私がもし、バイクをガスで満たすことなく、あちこちおし回っていたとしたら、あなたはどのように思いますか？」

- ボランティアを頼みなさい。ボランティアは、あなたの「バイク」になります。あなたのバイクを仕事、学校、市場、そして友達のところへ行くためにおして下さい。友達のところに付くと、彼らはあなたと一緒に「バイク」に乗ってもいいか尋ねます。彼らを乗せて、彼らも一緒に押しましょう。これがどんなに大変か示しましょう。

「明らかに、あなたはあなたのバイクにガソリンを入れたときのほうが楽でしょう。そうすれば、あなたは全てのことをより簡単にできます。」

- 鍵を刺して、あなたの「バイク」を始動させましょう。バイクの音をたてるようにしましょう。
- もし、それが音をたてるのをやめたならば、あなたはバイクを「直す」ために数回立ち止まらなくてはならないでしょう。さっきしたことを全てやりなさい。しかし今やそれは無意味です、なぜなら今やあなたはバイクを押す必要がないのですから。あなたの友達が乗りたいと言ったならば、彼らをバイクに乗せて言いなさい、「良いですよ。私には今十分な力があります、と。」

このバイクはあなたの私たちの精神生活のようなものです。多くの人たちは彼らの精神生活を、自分の力に頼って「押し」て回ります。結果として、彼らのキリスト教徒としての歩みは困難なものとなり、彼らはあきらめたくなります。また他方の人々は、彼らの生活において聖霊の力を発見します。聖霊は、イエスの命令をなすときに私たちが必要な力を私たちに与えます。

復習

それぞれの復習のセッションは同じです。学習者に対し、立って、前のレッスンで学んだことを復唱するよう言ってください。手振りも一緒に行うようにさせてください。

イエスの教えの布教を助ける、聖書の中の8つのイエスの絵とは何ですか？

兵士、探求者、羊飼い、種をまく人、息子、聖なる神、召使い、財産管理人です。

複製

財産管理人のする3つの事とは何ですか？
神の人類に対する最初の命令は何だったのでしょう？
神の人類に対する最後の命令は何だったのでしょう？
私たちはどのようにして、よく産み、繁殖するのですか？
イスラエルにある2つの海の名前は何ですか？
どうしてそれらはそんなに異なるのですか？
あなたはどちらのようになりたいですか？

愛

羊飼いのする3つの事とは何ですか？
他者に教えるべき、最も大事ないましめはなんですか？
愛はどこから来るのですか？
シンプルな崇拝とは？
私たちはどうしてシンプルな崇拝をするのですか？
シンプルな崇拝のためには、何人の人が集まれば良いのですか？

祈り

聖人のする3つの事とは何ですか？
私たちはどのようにして祈るべきですか？
神はどのようにして私たちに答えるのか？
神の電話番号は何ですか？

追従

召使いのする3つの事とは何ですか？
誰が世界で最も高い権威を持っているのですか？
イエスが全ての信者に下した4つの命令とは何ですか？
私たちはどのようにしてイエスに従うべきですか？
私たちは私たちに何を約束されましたか？

イエスはどのようですか？

マタイによる福音書第3章16-17節

イエスは洗礼を受けるとすぐ、水から上がられた。すると、見よ、天が開け、神の御霊がはとのように自分の上に下ってくるのを、ごらんになった。また天から声があって言った、「これはわたしの愛する子、わたしの心にかなう者である」。 (HCSB)

「イエスは息子です。『人類の子』は、イエスが自分を描写するときに最も好んだ表現です。彼は、永遠の神、『父』を最初に読んだ人です。彼の復活によって、私たちもまた、神の一族の一部としていられるのです。」

息子／娘

まるであなたが食べているかのように、手を口に向かって動かしなさい。息子はたくさん食べます！

息子がする3つのこととは何ですか？

ヨハネによる福音書　第17節4, 18-21章

わたしは、わたしにさせるためにお授けになったわざをなし遂げて、地上であなたの栄光をあらわしま

した。あなたがわたしを世につかわされたように、わたしも彼らを世につかわしました。また彼らが真理によって聖別されるように、彼らのためわたし自身を聖別いたします。

わたしは彼らのためばかりではなく、彼らの言葉を聞いてわたしを信じている人々のためにも、お願いいたします。父よ、それは、あなたがわたしのうちにおられ、わたしがあなたのうちにいるように、みんなの者が一つとなるためであります。すなわち、彼らをもわたしたちのうちにおらせるためであり、それによって、あなたがわたしをおつかわしになったことを、世が信じるようになるためであります。(NLT)

1. 息子たちは、彼の父を褒め称えます。

   イエスは彼が地上にいるとき、彼の父である神に栄光をもたらしました。

2. 息子たちは、家族との統合を望みます。

   イエスは彼の信奉者たちに、彼と彼の父である神のようになって欲しいと望みます。

3. 息子たちは、家族の相続を望みます。

   神がイエスを、相続のために世にお遣わせになったように。イエスは私たちを、相続のためにお遣わせになりました。

イエスは息子であり、彼は私たちの内に生きます。私たちが彼に従うとき、私たちは息子と娘になります。私たちは私たちの天国の父を賞賛し、神の一族と統合することを望み、そして神の王国の成功のために働きます。

イエスの奉仕はなぜ成功したのでしょうか？

ルカによる福音書　第4節14章

（荒野の試みの後、）それからイエスは御霊の力に満ちあふれてガリラヤへ帰られると、そのうわさがその地方全体にひろまった。

「聖霊はイエスに、相続の力をお与えになりました。イエスは彼自身の力ではなく、聖霊の力を役立てました。私たちがイエスに従うとき、私たちは彼が役立てた方法を真似ます。イエスは聖霊に頼らなくてはいけなかったために聖霊に絶えず頼りました。私たちはどれほどより多く頼らなくてはならないことでしょう！」

イエスは信者に磔刑の前で聖霊について約束したことは何でしょう？

ヨハネによる福音書　第14節16-18章

わたしは父にお願いしよう。そうすれば、父は別に助け主を送って、いつまでもあなたがたと共におらせて下さるであろう。それは真理の御霊である。この世はそれを見ようともせず、知ろうともしないで、それを受けることができない。あなたがたはそれを知っている。なぜなら、それはあなたがたと共におり、またあなたがたのうちにいるからである。わたしはあなたがたを捨てて孤児とはしない。あなたがたのところに帰って来る。

1. 彼は私たちに聖霊をお与えになるでしょう。
2. 聖霊は永遠に、私たちとともにあるでしょう。
3. 聖霊は私たちのうちにいるでしょう。
4. 私たちはいつも、神も家族の一員でしょう。

「聖霊が私たちのうちにいらっしゃるので、私たちは彼の家族の一員です。」

イエスは受難の後、信者に聖霊に関して何を約束したのでしょう？

使徒行伝　第1章8節

ただ、聖霊があなたがたにくだる時、あなたがたは力を受けて、エルサレム、ユダヤとサマリヤの全土、さらに地のはてまで、わたしの証人となるであろう。(NLT)

「聖霊は私たちのもとを訪れるとき、私たちに力を与えるでしょう。」

聖霊に関する、4つの従うべき命令とは何ですか？

ガラテア人への手紙　第5章16節

わたしは命じる。御霊によって歩きなさい。そうすれば、決して肉の欲を満たすことはない。(NASB)

聖霊によって歩きなさい

- ボランティアを選びなさい。パートナーは、男性同士か女性同士であるべきで、男女混合ではいけません。（男性と女性が一緒に劇をすることが文化的に適切でない限り、これに従いなさい。）

「私のパートナーと私は、あなたに神の霊によって歩くことについての真実を見せたいと思います。このスキットで、私は私自身であり、私のパートナーは聖霊です。聖書は言います、『聖霊によって歩きなさい』、と。」

- 「聖霊によって歩く」ことをあなたのパートナーによって示しなさい。あなたのパートナーを「聖霊」にしなさい。あなたとあなたのパートナーは共に手を、肩を取り合って歩き、語り合います。聖霊がどこかに行きたいのならば、彼／彼女とともに行きなさい。時に、しかしながら、聖霊が行こうとしている場所から去ろうとしなさい。聖霊は私たちのもとを離れることはないのですから、あなたのパートナーとは、常に一緒にいるようにしなさい。彼が1つの道を行き、あなたが違う道を歩もうとしているときに、葛藤しなさい。

「私たちは聖霊が望む、道を進むべきであり、自分が望む道ではありません。時に、私たちは自分自身の導きで歩みたくなりますが、これは精神的な問題を来たし、あなたの心に大きな葛藤を生み出します。」

聖霊によって歩きなさい
　　両手の指を「歩く」仕草にしなさい。

エペソ人への手紙　第4章30節

神の聖霊を悲しませてはいけない。あなたがたは、あがないの日のために、聖霊の証印を受けたのである。(HCSB)

聖霊を悲しませてはいけません。

聖書は、「神の聖霊を悲しませてはいけない。」

と言います。聖霊には感情があり、私たちは彼を悲しませることができます。

- 聖霊（あなたのパートナー）によって歩き回り、グループの誰かについて噂しなさい。あなたがこれをしたとき、聖霊は悲しみます。他の学習者とけんかをしているふりをなさい、すると聖霊はまた悲しみます。

「あなたの人生を生きるときは、気をつけなさい。なぜなら、聖霊はあなたのうちにあり、あなたは彼を悲しませることすらできるのです。私たちは私たちがなすこと、言うことによって、聖霊を悲しませることができます。

聖霊を悲しませてはなりません。

泣いているかのように目をこすり、それから「いいえ」を意味するよう首を横にふりなさい。

⊕

エペソ人への手紙　第5章18節

酒に酔ってはいけない。それは乱行のもとである。むしろ聖霊に満たされて… (NLT)

聖霊によって満たされなさい

「聖書は言います、『聖霊によって満たされなさい』、と。これは、私たちが、私たちの人生、および日々の全ての部分において聖霊を必要としていることを意味します。」

「私たちがキリストのもとに到達したとき、私たちが地上でこれまで得た聖霊の全てを受け取るでしょう。聖霊を「もっと」得ることは可能ではありません。しかしながら、聖霊は、私達を「もっと」得ることができるのです！私たちは彼が、どのぐらい私たちの人生を満たすか毎日決めることができるのです。彼に対するこの命令は、私たちの人生のすべての部分を満たすでしょう。

聖霊によって満たされなさい

両手で、あなたの足から手までをなぞる動作をなさい。

テサロニケ人への第一の手紙 第5章19節

御霊を消してはいけない。(NASB)

聖霊を消してはなりません。

聖書は言います、「聖霊を消してはなりません」、と。これは、私たちは私の人生に対する彼の働きかけを阻止しようとしてはならないことを意味します。

- 聖霊（あんたのパートナー）と共に歩き回り、グループに対し、聖霊が学習者の１人に立ち会ってほしいと自分に望んでいる、と伝えなさい。あなたは、立ち会いを拒否し、弁明し、あなた自身の道を行きます。聖霊は、あなたに、病人のために祈るよう言いますが、あなたは、立ち会いを拒否し、弁明し、別の方向を行きます。

「私たちはしばしば、弁明をして、聖霊の導きに反して自身がしたいことをして、神の仕事を妨げます。私たちは私たちがしなかったり、言わなかったりすることで、聖霊を消すことができます。それはまるで、私たちが私たちの人生における聖霊の灯火を消さんとしているかのようです。」

聖霊を消してはなりません。

右の人差し指をろうそくのようにたてなさい。それを吹き消そうとしているかのようにふるまいなさい。「いいえ」を意味するよう首を横にふりなさい。

節を覚えなさい。

エペソ人への手紙　第7章38節

わたしを信じる者は、聖書に書いてあるとおり、その腹から生ける水が川となって流れ出るであろう。

- 全員がたち、10回節を一緒に言って覚えましょう。最初の6回は、学習者は自身の聖書や生徒手帳を使います。最後の4回は、節を暗記して言います。学習者は、彼らが節を引用する度に、節の参照個所を言い、そして言い終えたときに座らなくてはいけません。
- この習慣に従うことで、トレーナーは、「練習」セクションにおけるレッスンを終えたのがどのチームかを知ることができます。

練習

- 学習者に対し、このセッションのために祈りのパートナーと向き合って座るよう言いましょう。パートナーは、お互いに順番でレッスンを教え合います。

  「ペアのうち、ミーティングの場所から遠い人がリーダーです。」

- 21ページの、「トレーナーをトレーニングするプロセス」に従いなさい。
- あなたが「学習」のセクションしたことをそっくりそのまま彼らに教えるよう、強調しましょう。

  「質問をし、聖書の一節を一緒に読み、そして私はあなたたちとしたのと同様のやり方で質問に答えなさい。」

- レッスンをお互いに教え合った後、学習者に、パートナーを変え、レッスンを再び教えるように言いましょう。終わったら、学習者にこのレッスンを終えた後、このレッスンを共有したい誰かのことを考えるようにさせましょう。

  「すこしの間、ここにいる人以外でレッスンを共有したい誰かのことを考えてみてください。レッスンの最初のページのてっぺんに、その人の名前を書いてください。」

エンディング

これは、聖職者にとって意味のある時間です。もしもあなたが時間がないのなら、あなたはこのセクションを次のセクションの最初もしくは違うときにやるべきです。あなたはまた、このセクションを、あなたのグループがセミナーの夕べに信仰の時間を持ちたいときにするのも良いでしょう。

イエスはここaにいらっしゃいます。

ヘブル人への手紙　第13章8節

イエス・キリストは、きのうも、きょうも、いつまでも変わることがない。(CEV)

マタイによる福音書　第15章30-31節

すると大ぜいの群衆が、足なえ、不具者、盲人、おし、そのほか多くの人を連れてきて、イエスの足もとに置いたので、彼らをおいやしになった。群衆は、おしが物を言い、不具者が直り、足なえが歩き、盲人が見えるようになったのを見て驚き、そしてイスラエルの神をほめたたえた。

ヨハネによる福音書　第10章10節

盗人が来るのは、盗んだり、殺したり、滅ぼしたりするためにほかならない。わたしがきたのは、羊に命を得させ、豊かに得させるためである。

ヘブル人への手紙の第13章8節では、聖書は、イエスは、きのうも、きょうも、いつまでも変わることがない、と言っています。

マタイによる福音書第15章30節では、聖書は、イエスが多くの異なった問題を抱えた人々をお癒やしになった、と言っています。

ヨハネによる福音書第10章10節では、聖書は、悪魔が盗んだり、殺したり、滅ぼしたりするために来るが、イエスは私たちに豊かな人生を与えるため、いらっしゃる、と言っています。

「実際、我々はイエスが今、ここに我々とともにあることを知っています。もしも、あなたの人生に癒しが必要な部分があるのなら、彼は、マタイによる福音書第15章で彼がしたようにすら、癒したいと思っていらっしゃいます。悪魔はあなたを殺し、盗みたいと思っています。イエスはあなたに豊かな人生を与えたい、と思っています。」

「もし、あなたがイエスと力強く歩んだならば、悪魔はあなたを不自由にさせるでしょうか？」

足をひきずりながら歩みなさい。

「イエスはここにいらっしゃいます。彼にたずねれば、彼はあなたを癒し、再び彼と歩むことができるようになるでしょう。」

「あなたはどこで神が働いているのか見えますか？あるいは、どこで悪魔があなたの目を失意でふさいでいるか見えますか？

あなたの目をふさぎなさい。

「イエスはここにいらっしゃいます。彼にたずねれば、彼はあなたを癒すので、あなたは、再び彼がどこで働いているか見ることができるでしょう。」

「あなたは、イエスによる良い知らせを周囲の人皆と分かち合っていますか？それともあなたは黙っていますか？」

あなたの口をふさぎなさい。

「イエスはここにいらっしゃいます。彼にたずねれば、彼はあなたを癒すので、あなたは、再び彼がどこで働いているか話すことができるでしょう。」

「あなたは他者を助けていますか？それとも、悪魔があなたがもう与えられないようにあなたを傷つけていますか？」

あなたの腕を、まるでそれが痛くて三角巾でつるされているかのように抱えなさい。

「イエスはここにいらっしゃいます。彼にたずねれば、彼はあなたを癒すので、あなたは、過去を置き去りにして、再び彼とともに歩むことができるでしょう。

「あなたは、あなたの心からイエスに従うことを遠ざけている問題を人生において抱えていますか？」

「あなたの困難がなんであれ、イエスはここにいらっしゃり、あなたを癒します。イエスを呼び、彼にあなたを癒させ、そして神への栄光をもたらします。」

- パートナーに、お互いのために、心からイエスに従うことを遠ざけている問題をイエスがお癒しになるように、祈るよう言いましょう。

7

行くこと

「行くこと」は、探求者としてのイエスを紹介します。探求者はあたらしい場所、失われた人々、そして新しい機会を探します。どのようにして、イエスは行き、務めを果たすのでしょう？彼は彼自身でそれをしません。彼は、神が働いている場所がどこか探します。彼は神に交わります。彼は神が彼を愛し、彼に見せてくれることを知っています。私たちはどのようにして務めを果たすべき場所を決心すればよいのでしょう？-同じことをイエスがなしたように。

神はどこで働いているのでしょう？彼は貧しき者、囚人、病人、そして、抑圧された者のうちにいらっしゃいます。神が働いている他の場所は、私たちの家族のなかです。彼は私たちの家族全体を救いたいのです。学習者は、使徒行伝第29章の地図を用いて、

賞賛

- 誰かに、神の存在と祝福のために祈るよう頼んでください
- 2つの合唱歌もしくは賛美歌を一緒に歌ってください

祈り

- 学習者たちが、以前組んだのとは違う人を選んでペアを組むようにアレンジしましょう。
- それぞれの学習者は、彼もしくは彼女のパートナーと以下の質問に対する答えを共有します。

  1. 私は今日、救済すべき亡くなった人々に対して、どのようにして祈ることができましょうか？
  2. 私たちは、あなたがトレーニングしているグループのために、どのように祈ることができますか？

- もしもパートナーがまだ誰もトレーニングした経験がないのならば、その人の影響力の及ぶ範囲にいる、トレーニングを始めるのに相応しい人のために祈りなさい。
- パートナーたちは共に祈ります。

学習

復習

それぞれの復習のセッションは同じです。学習者に対し、立って、前のレッスンで学んだことを復唱するよう言ってくだ

さい。手振りも一緒に行うようにさせてください。前の4つのレッスンを復習しましょう。

イエスの教えの布教を助ける、聖書の中の8つのイエスの絵とは何ですか？

兵士、探求者、羊飼い、種をまく人、息子、聖なる神、召使い、財産管理人です。

愛

羊飼いのする3つの事とは何ですか？
他者に教えるべき、最も大事ないましめはなんですか？
愛はどこから来るのですか？
シンプルな崇拝とは？
私たちはどうしてシンプルな崇拝をするのですか？
シンプルな崇拝のためには、何人の人が集まれば良いのですか？

祈り

聖人のする3つの事とは何ですか？
私たちはどのようにして祈るべきですか？
神はどのようにして私たちに答えるのか？
神の電話番号は何ですか？

追従

召使いのする3つの事とは何ですか？
誰が世界で最も高い権威を持っているのですか？
イエスが全ての信者に下した4つの命令とは何ですか？
私たちはどのようにしてイエスに従うべきですか？
イエスがすべての信者に与えた約束とは何ですか？

歩み

息子のする3つの事とは何ですか？
イエスの奉仕の力の源は何ですか？
イエスは信者に磔刑の前で聖霊について約束したことは何でしょう？

イエスは受難の後、信者に聖霊に関して何を約束したのでしょう？
聖霊に関する、4つの従うべき命令とは何ですか？

イエスはどのようですか？

ルカによる福音書　第19章10節

人の子がきたのは、失われたものを尋ね出して救うためである。(NASB)

「イエスは、探求者です。彼は失われた人々を探します。彼はまた、神の意思および神の楽園をまず人生において探します。」

探求者

目の上に手を当てて、前後を見ましょう。

探求者のする3つの事とは何ですか？

マルコによる福音書　第1章37-38節

そしてイエスを見つけて、「みんなが、あなたを探しています」と言った。イエスは彼らに言われた、「ほかの、附近の町々にみんなで行って、そこでも教えを宣べ伝えよう。わたしはこのために出てきたのだから。」

1. 探求者は、新しい場所を探すことを好みます。
2. 探求者は、失われた人々を探すことを好みます。
3. 探求者は、新しい機会を探すことを好みます。

「イエスは探求者であり、わたくしたちのうちに生きています。私たちが彼に従うように、私たちもまた、探求者になるのです。」

どのようにして、イエスは務めを果たすべき場所を決定するのでしょう？

ヨハネによる福音書　第5章19–20節

さて、イエスは彼らに答えて言われた、「よくよくあなたがたに言っておく。子は父のなさることを見てする以外に、自分からは何事もすることができない。父のなさることであればすべて、子もそのとおりにするのである。なぜなら、父は子を愛して、みずからなさることは、すべて子にお示しになるからである。そして、それよりもなお大きなわざを、お示しになるであろう。あなたがたが、それによって不思議に思うためである。

イエスは仰せになりました、「私は何一つ自分でしません」と。

🖐 1つの手を胸に当てて、首を「いいえ」と横にふりましょう。

「イエスは仰せになりました、『私は神が働いている場所を探します』、と。」

🖐 1つの手を目に当てて、左右を探しましょう。

「イエスは仰せになりました、『神が働いている場所であればどこでも、私は神に交わります』、と。」

👋 あなたの前の場所を指差して、あなたの首を「はい」と縦にふりましょう。

「イエスは仰せになりました、『そして神は私を愛し、示してくれるであろうことを私は知っています』、と。」

👋 祈るために手を挙げ、胸の前で十字を切りましょう。

私たちはどのようにして務めを果たすべき場所を決心すればよいのでしょう？

ヨハネによる福音書　第2章5-6節

母は僕たちに言った、「このかたが、あなたに言いつけることは、なんでもして下さい」。そこには、ユダヤ人のきよめのならわしに従って、それぞれ四、五斗もはいる石の水がめが、六つ置いてあった。(NLT)

「私たちは、同じことをイエスがなしたようにしてその場所を決定します。」

「私は何一つ自分でしません」と。

👋 1つの手を胸に当てて、首を「いいえ」と横にふりましょう。

「私は神が働いている場所を探します」

✋ 1つの手を目に当てて、左右を探しましょう。

「神が働いている場所であればどこでも、私は神に交わります」

✋ あなたの前の場所を指差して、あなたの首を「はい」と縦にふりましょう。

「そして神は私を愛し、示してくれるであろうことを私は知っています」

✋ 祈るために手を挙げ、胸の前で十字を切りましょう。

もし神が働いているのなら、私たちはどのようにしてそれを知ることができますか?

ヨハネによる福音書　第6章44節

わたしをつかわされた父が引きよせて下さらなければ、だれもわたしに来ることはできない。わたしは、その人々を終わりの日によみがえらせるであろう。

「もしも、イエスについてより多くのことを学ぶことに興味がある人がいたならば、あなたは、神が働いているということを知ります。ヨハネによる福音書第6章44節は、神だけが人々を彼のもとへ導くことができるのだ、と言っています。私たちは質問をし、精神の種を蒔き、そして、返事があるか確かめます。もしそれらが返事をしたのならば、あなたは、神が働いているということを知ります。」

イエスはどこで働いているのですか？

ルカによる福音書　第4章18-19節

「主の御霊がわたしに宿っている。貧しい人々に福音を宣べ伝えさせるために、わたしを聖別してくださったからである。主はわたしをつかわして、囚人が解放され、盲人の目が開かれることを告げ知らせ、打ちひしがれている者に自由を得させ、主のめぐみの年を告げ知らせるのである」。

1. 貧しき者
2. 囚人
3. 病人（盲人）
4. 抑圧された者

「イエスは、これらの種類の人々に対し、務めを果たしてきました。しかしながら、彼は貧しい人すべて、あるいは抑圧された者すべてに対し、務めを果たしたわけではないことを覚えておくことは重要です。私たちの努力によって、私たちは、すべての人を助けたいのです。イエスは、彼の父である神が働いている場所を探し、彼に交わります。私たちは、同じことをする必要があります。もしも、私が全ての抑圧された人々に務めを果たそうとするのならば、それは、私たちがすべてを自分たちでやろうとしていることの現れであるに違いありません。」

イエスが働いているその他の場所はどこですか？

「神があなたの家族全体を愛していらっしゃることを、あなたは知っていますか？彼らが救済され、彼とともに永遠を過ごすのは彼の意思なのです。聖書においては、神が家族全体を救った話が数多く見受けられます。」

悪霊につかれた男　-　マルコによる福音書第5章

「悪霊につかれた男は全く変わってしまいました。彼はイエスと共に行きたかったのですが、イエスは彼に、家族のもとに戻って何が彼に起こったのかを説明しなさい。周辺の村の、多くの人たちはイエスがなさったことに驚きました。神は1人の人を救うとき、彼はその人をとりまく多くの他の人々のことも救いたいのです。」

コルネリウス - 『使徒行伝』第10章

「神は、ペテロに対し、コルネリウスと話すよう言いました。ペテロが話したとき、聖霊はコルネリウスおとびそのメッセージを聞いた者全てを満たしました。コルネリウスだけでなく、周りの人々もまた、彼を信じました。」

フィリッピの囚人 - 『使徒行伝』第16章

「パウロとシラスは囚人のドアが扉を開けても、牢獄に留まりました。囚人はこれに驚き、主イエスを信じました。神は家屋全体を救いました。」

「信じ、祈ることをやめてはいけません。そうすれば、あなたの家族は全員救われ、共に永遠を生きることができます。」

節を覚えなさい

ヨハネによる福音書　第12章26節

もしわたしに仕えようとする人があれば、その人はわたしに従って来るがよい。そうすれば、わたしのおる所に、わたしに仕える者もまた、おるであろう。もしわたしに仕えようとする人があれば、その人は父を重んじて下さるであろう。(NLT)

- 全員がたち、10回節を一緒に言って覚えましょう。最初の6回は、学習者は自身の聖書や生徒手帳を使います。最後の4回は、節を暗記して言います。学習者は、彼らが節を引用する度に、節の参照個所を言い、そして言い終えたときに座らなくてはいけません。
- この習慣に従うことで、トレーナーは、「練習」セクションにおけるレッスンを終えたのがどのチームかを知ることができます。

練習

- 学習者に対し、このセッションのために祈りのパートナーと向き合って座るよう言いましょう。パートナーは、お互いに順番でレッスンを教え合います。

「ペアのうち、最も兄弟が多い人がリーダーです。」

- 21ページの、「トレーナーをトレーニングするプロセス」に従いなさい。
- あなたが「学習」のセクションしたことをそっくりそのまま彼らに教えるよう、強調しましょう。

「質問をし、聖書の一節を一緒に読み、そして私はあなたたちとしたのと同様のやり方で質問に答えなさい。」

- レッスンをお互いに教え合った後、学習者に、パートナーを変え、レッスンを再び教えるように言いましょう。終わったら、学習者にこのレッスンを終えた後、このレッスンを共有したい誰かのことを考えるようにさせましょう。

「すこしの間、ここにいる人以外でレッスンを共有したい誰かのことを考えてみてください。レッスンの最初のページのてっぺんに、その人の名前を書いてください。」

エンディング

使徒行伝第29章の地図 - パート2

「使徒行伝第29章の地図に、イエスが働いている場所を描き、ラベルをつけましょう。あなたの地図上で、最低でも、イエスが働いていらっしゃるとあなたが知っている5つの場所を特定し、それぞれの場所にXを書きましょう。神がそのエリアでどのように働いていらっしゃるのかを書きましょう。」

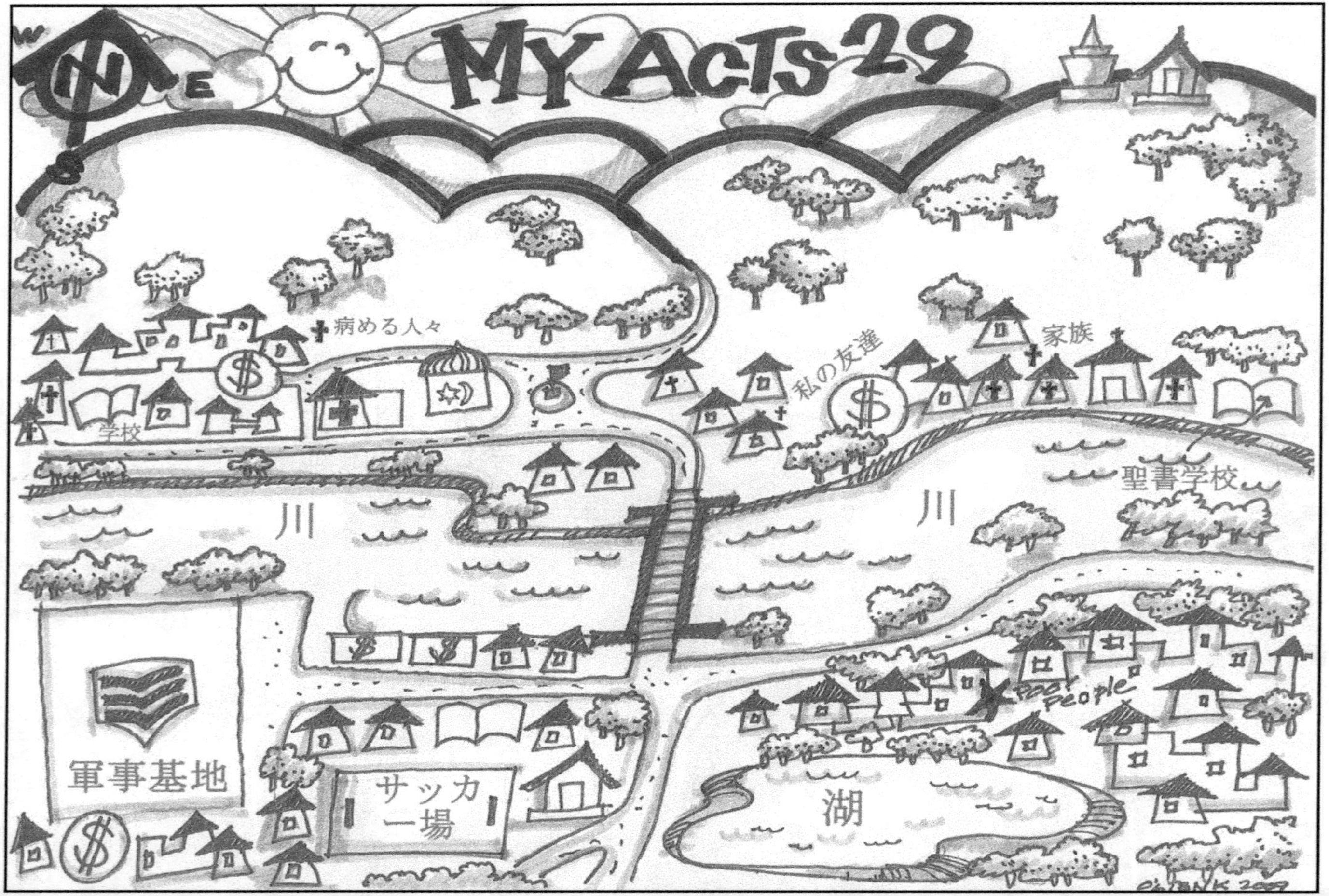
MY ACTS 29
N
E
病める人々
学校
私の友達
家族
聖書学校
川
川
Poor People
軍事基地
サッカー場
湖

8

分かち合い

「分かち合い」は、兵士としてのイエスを紹介します。兵士は、敵と戦い、困難に耐え、そして捕虜を解放します。イエスは兵士です。私たちが彼に従うとき、私たちもまた、兵士となるのです。

　私たちが神の働いている場所に交わったらすぐに、私たちは精神的な戦争状態に出会います。信者たちは、どのようにして悪魔を倒すのでしょう？私は十字架上のイエスの死、証言の共有、そして我々の信念のために死ぬことを恐れないことによって彼を倒します。

　パワフルな証言は、私がイエスに会う以前の私の人生はどうであったか、私がイエスにどのようにして会ったか、そしてイエスと共に歩むことで私たちの人生に起こった変化はどのようなものであったのかを共有することを含みます。証言は、私たちの共有時間を3-4分にし、改宗歴を共有しないことにし（なぜならば、年数は問題にならないからです）、不信仰者にもわかりやすい言葉を用いることでより効果を増します。

このセッションは、コンテストで終わります。これは、40人の失われた人々の名前を書く早さを競います。賞品は、1位、2位、3位の者に与えられますが、私たちが私たちの証言をどのようにして与えるかを学んだとき、最終的に全員が賞品を得ることができる「勝者」となります。

賞賛

- 誰かに、神の存在と祝福のために祈るよう頼んでください
- 2つの合唱歌もしくは賛美歌を一緒に歌ってください

祈り

- 学習者たちが、以前組んだのとは違う人を選んでペアを組むようにアレンジしましょう。
- それぞれの学習者は、彼もしくは彼女のパートナーと以下の質問に対する答えを共有します。

  1. 私は今日、救済すべき亡くなった人々に対して、どのようにして祈ることができましょうか?
  2. 私たちは、あなたがトレーニングしているグループのために、どのように祈ることができますか?

- もしもパートナーがまだ誰もトレーニングした経験がないのならば、その人の影響力の及ぶ範囲にいる、トレーニングを始めるのに相応しい人のために祈りなさい。
- パートナーたちは共に祈ります。

学習

復習

それぞれの復習のセッションは同じです。学習者に対し、立って、前のレッスンで学んだことを復唱するよう言ってください。手振りも一緒に行うようにさせてください。前の4つのレッスンを復習しましょう。

イエスの教えの布教を助ける、聖書の中の8つのイエスの絵とは何ですか？

兵士、探求者、羊飼い、種をまく人、息子、聖なる神、召使い、財産管理人です。

祈り

聖人のする3つの事とは何ですか？
私たちはどのようにして祈るべきですか？
神はどのようにして私たちに答えるのか？
神の電話番号は何ですか？

追従

召使いのする3つの事とは何ですか？
誰が世界で最も高い権威を持っているのですか？
イエスが全ての信者に下した4つの命令とは何ですか？
私たちはどのようにしてイエスに従うべきですか？
イエスがすべての信者に与えた約束とは何ですか？

歩み

息子のする3つの事とは何ですか？
イエスの奉仕の力の源は何ですか？
イエスは信者に磔刑の前で聖霊について約束したことは何でしょう？

イエスは受難の後、信者に聖霊に関して何を約束したのでしょう？
聖霊に関する、4つの従うべき命令とは何ですか？

行くこと

探求者のする3つの事とは何ですか？
どのようにして、イエスは務めを果たすべき場所を決定するのでしょう？
私たちはどのようにして務めを果たすべき場所を決心すればよいのでしょう？
もし神が働いているのなら、私たちはどのようにしてそれを知ることができますか？
イエスはどこで働いているのですか？
イエスは他のどの場所で働いているのですか？

イエスはどのようですか？

マタイによる福音書　第26章35節

ペテロは言った、「たといあなたと一緒に死なねばならなくなっても、あなたを知らないなどとは、決して申しません」。弟子たちもみな同じように言った。(CEV)

イエスは兵士です。彼は、神の軍隊の司令官なので、彼を守るために12の天使の軍団を呼ぶことができます。彼は悪魔の精神的な戦争状態に携わり、最終的に、十字架上で悪魔を打ち負かすのです。

兵士

剣をあげましょう。

兵士のする3つの事とは何ですか？

マルコによる福音書　第1章12-15節

それからすぐに、御霊がイエスを荒野に追いやった。

イエスは四十日のあいだ荒野にいて、悪魔の試みに遭われた。そして獣もそこにいたが、御使たちはイエスに仕えていた。ヨハネが捕らえられた後、イエスはガリラヤに行き、神の福音を宣べ伝えて言われた、「時は満ちた、神の国は近づいた。悔い改めて福音を信ぜよ。」(CEV)

1. 兵士は敵と戦います。

   「イエスは敵と戦い、勝ちます。」

2. 兵士は、困難に苦しみます。

   「イエスは、彼が地上にいらっしゃったとき、多くのことに苦しみました。」

3. 兵士は、捕虜を解放します。

   「イエスの楽園は、人々を解放するために訪れます。」

「イエスは兵士です。彼は神の軍隊を指揮し、悪魔の精神的な戦争状態に携わります。イエスは私たちのために、十字架の上で勝利しました。イエスが私たちのうちに生きているように、私たちもまた、勝利の兵士なのです。私たちは、私たちの司令官を喜ばせ、捕虜の解放を助けるため、精神的な戦争状態を戦い、困難に苦しむのです。」

私たちはどのようにして悪魔を打ち負かすのですか？

黙示録　第12章11節

兄弟たちは、小羊の血と、自分たちのあかしのことばのゆえに彼に打ち勝った。彼らは死に至るまでもいのちを惜しまなかった。

小羊の血によって

「イエスの血が十字架の上に垂らされたため、私たちは悪魔に打ち勝ちます。私たちは彼によって、そして彼のなしたことによって、むしろ征服者となるのです。」

小羊の血

「あなたの両手の掌をあなたの中指で指差しなさい–磔刑の文字を書きなさい」

「あなたが精神的な戦争状態に対面したとき、イエスが十字架の上で悪魔に打ち勝ったことを思い出して下さい！悪魔は、イエスを見るといつでも、震え、すすり泣き、そして泣き叫びます。彼は、イエスに、ほっといてくれと乞います。」

「良い知らせは、イエスが私たちのうちに住んでいるということです。したがって、悪魔は、私たちのなかにイエスがいることを見ると、震え、すすり泣き、そして泣き叫びます。彼は赤ん坊のように泣きます！悪魔は、イエスが十字架の上でなさったことが理由で打ち負かされた相手なのです！このことを忘れてはなりません：たとえどんなに事が難しくあっても、私たちは勝利するのです！私たちは勝利するのです！私たちは勝利するのです！」

私たちの証言

「私たちは、私たちの証言というパワフルな武器によって悪魔を打ち負かします。誰も、イエスが私の人生になさったことについての私たちの証言に反論を述べることはできません。私たちは、この武器を、いつでも、どこでも使用することができるのです。」

証言

まるであなたが誰かに話しかけているかのように、口のまわりに手を碗状にあてなさい。

死ぬことを恐れてはなりません

「私たちと神との永遠は保障されています。彼とともにいることがより良いことです。ここでは、福音を拡散する必要があります。私たちは負けません！」

死ぬことを恐れてはなりません

まるで鎖のように、手首を重ねなさい。

最も強力な証言の概要は何ですか？

イエスにお会いする前の私たちの人生

以前

あなたの左側を指差しなさい

「あなたが信者になる前、人生がどのようなものであったかを描写しなさい。あなたがもしキリスト教徒の家庭に生まれたのならば、不信仰者は、キリスト教徒の家庭がどのようなものであるのかを聞くことに興味を持つでしょう。」

私がどのようにしてイエスに出会ったか

どのように

✋ あなたの正面を指差しなさい。

「あなたがどのようにしてイエスを信仰し、従うようになったかを説明しなさい。」

イエスにお会いしてからの私の人生

✋ 右を向き、手を上下に動かしなさい。

「あなたがイエスに従って以降、あなたの人生がどのようになり、そして彼との関係があなたにとってどのようなものであるかを説明しなさい。」

シンプルな質問をしなさい。

「証言の最後に、その人に、『あなたは、イエスに従うことについてもっと多くのことを聞きたいですか？』と尋ねなさい。これは、『神は働いておられますか？』という質問と同義です。」

✋ あなたのこめかみを指差しなさい - まるであなたが質問について考えているかのように。

「もし、彼らが『はい』と言ったならば、あなたはこの状況において神が働いているということを知ります。神は、彼のもとに人々を導く唯一の存在です。この時点で、イエスに従うことについて彼らとより多くのことを共有して下さい。」

「もし彼らが『いいえ』と言ったならば、神は働いているのですが、まだ彼らが神に答える準備ができていないということです。彼らに、祝福の祈りを捧げてもいいか尋ね、そのようにして、あなたの道を続けなさい。」

従うべき、重要なガイドラインは何ですか？

あなたの最初の証言を3分から4分に制限しなさい。

「この世界には、多くの人々がいます。あなたの最初の証言を制限することは、誰が責任ある立場で、誰がそうでないのかを見定める助けとなります。何よりも、聖霊のお導きに従いなさい。新しい信者は、3分から4分間アイデアを分かち合う方が、3時間から4時間もアイデアを分かち合うよりも心地よいと感じるでしょう！」

あなたが信者になった年齢を伝えてはいけません。

「あなたがイエスの信奉者となった年齢は問題になりません。むしろ、それは、不信仰者に対して、あなたが証言を分かち合うときに間違ったメッセージを発してしまう可能性があるのです。もしも、彼らがあなたが信者になった年齢よりも若いのならば、彼らは、後になるまで待ってもよいのだと考えてしまうでしょう。もしも、彼らがあなたが信者になった年齢よりも年上であるのならば、彼らは、もうチャンスを逃してしまったのだと考えてしまうでしょう。聖書は、『今日』が洗礼の日だと伝えます。あなたの改宗の年齢を伝えることは、いつも、このような状況を混乱させるだけです。」

キリスト教徒の言葉を用いてはなりません。

「信者になってすぐであっても、人々は他のキリスト教徒の使う言葉を拾い始めます。『小羊の血によって洗われた』や『側廊を歩いた』や『説教者に話した』といった言葉は、不信仰者にとっては外国語のようなものです。私たちはなるべく、キリスト教徒の言葉を少なくすることで、証言を分かち合い、なるべくわかりやすく福音を理解することができるようにします。」

節を覚えなさい

コリント人への手紙　第15章3-4節

わたしが最も大事なこととしてあなたがたに伝えたのは、わたし自身も受けたことであった。すなわちキリストが、聖書に書いてあるとおり、わたしたちの罪のために死んだこと、そして葬られたこと、聖書に書いてあるとおり、3日目によみがえったこと、…

- 全員がたち、10回節を一緒に言って覚えましょう。最初の6回は、学習者は自身の聖書や生徒手帳を使います。最後の4回は、節を暗記して言います。学習者は、彼らが節を引用する度に、節の参照個所を言い、そして言い終えたときに座らなくてはいけません。

練習

- 学習者に対し、あなたが彼らに与えたガイドラインに沿って、証言を彼らのノートに書き写すよう言いなさい。彼らに、彼らは10分間これをやる時間があることを伝え、そしてあなたはグループにいる誰かにその証言を与えるよう呼びかけます。
- 10分間の終わりに、学習者たちに彼らのペンを置くよう言いましょう。彼らに、あなたが、グループにいる誰かに彼らの証言を与えるよう呼びかけるつもりであることを伝えましょう。数秒ポーズしましょう。それから、あなたがグループに対して証言を与えるつもりであることを発表しましょう。そこには、大きな安堵がもたらされるでしょう！
- 上記のガイドラインに沿って、あなたの証言を分かち合いなさい。あなたの証言の最後に、アウトラインとガイドラインを順番にたどり、あなたが正しく証言を彼らに与えたかどうか確認しなさい。
- このレッスンの「練習」パートでは、あなたは学習者の時間を計るためにタイマーを使うでしょう。学習者をペアに分け、彼らに、あなたたちはそれぞれ、3分間をお互いの証言を分かち合うために持っている、と伝えなさい。

  「ペアのうち、声の大きい方の人がリーダーで、先にする人です。」

- ペアの最初の人の時間を計り、3分間のマークのところで、「ストップ」と言いましょう。学習者たちに対し、あなたのパートナーがアウトラインに従い、パワフルな証言のための4つのガイドラインに従ったかどうか聞きなさい。それから、2人目の人物に、3分間、彼らの証言を共有するよう言いなさい。それから、学習者にフィードバックをお願いしましょう。

- 双方のパートナーが分かち合ったとき、学習者に、誰が一番大きい声を持つか決め、新しいパートナーを探すよう言いなさい。彼らを最低4回は、ペアに分けなさい。
- レッスンをお互いに教え合った後、学習者に、このレッスンを終えた後、このレッスンを共有したい誰かのことを考えるようにさせましょう。彼らに、レッスンの最初のページのてっぺんに、その人の名前を書かせましょう。

塩と砂糖

このイラストを、心から共有することがどれほど大切であるかを強調するフィードバックの時間の間に用いなさい。

「新鮮で、熟れている果物はいつもとても美味しいです！それは甘くてあなたの口を喜びで満たします！“あなたが黄色くて甘いパイナップルについて考えるとき、それは私の口を唾液いっぱいにします。

「私は、でも、あなたがフルーツをより美味しくすることができることを知っています！少し砂糖か、塩、か、チリペッパーを加えなさい。うーむ！そうしたら美味しい！私は今ただ、それを味わうことができます！

「同様に、あなたがレッスンを教えたり、福音を共有したりするとき、神の言葉は常に、ちょうど果物のように、良いものです。私たちは味わい、主が良きものであることを確かめなくてはいけません。しかしながら、あなたがもし、ちょうど砂糖、塩、チリペッパーを果物に加えるように、感情をこめて心から共有したならば、それは特別美味しくなるでしょう！

「ですから、あなたが、あなたのパートナーとこれを次回共有するとき、私はあなたに多くの塩と砂糖とペッパーを、あなたの言うことに加えてほしいのです。」

エンディング

誰が40人の失われた人々の名前を書くことができるでしょう？

- それぞれの人に、ノートを取り出し、1から40まで番号をつけるよう言いなさい。

  「私たちはコンテストをするつもりです。私たちは1位、2位、3位の人に景品を与えます。」

- 全員に、あなたが「行きなさい！」と言ったら、彼らは、彼らの知る40人の不信仰者の名前を上から順に書いて行かなくてはいけません。もしも、彼らの名前を覚えていないのなら、彼らは「美容師」や「郵便配達人」といったような何かを書くことができます。あなたが「行きなさい！」という前に、誰も始めることのないようにさせましょう。
- ある人は、あなたが指示を出したときに開始する気になるでしょう。それは、あなたが指示を出している間、学習者に、彼らのペンを宙に上げる助けとなるでしょう。
- コンテストを始め、リストを終わらせたときに人々を立たせるようにしましょう。1位、2位、3位の人に景品を与えましょう。

「信者がその信仰を共有できない理由は、2つあります。彼らは、どのようにすべきか、知らないのです。そして、彼らは誰と福音を共有すべきか、知らないのです。あなたたちは今、福音をどのようにして共有すればよいのかを知り、それを共有すべき人々のリストを持っています。」

- 学習者たちに、彼らが彼らの証言を分かち合うリストの5人の人々の横に星をつけるよう言いなさい。彼らに、来週そのようにするよう促しなさい。

「あなたの手を見なさい。あなたの5本の指は、あなたが毎日祈ることのできる、失われた5人の人を思い起こさせることができるでしょう。あなたが皿を洗い、書き、コンピューターにタイピングしているとき、あなたの手の5本指に、あなたが祈ることを思い出させなさい。」

- 学習者に対し、彼のリストにある失われた人々のグループのために、大きな声で祈るよう言いなさい。
- 祈りの時間の後で、皆に賞品としてキャンディをあげましょう。そのとき、「私たちは今、どのようにして福音を共有し、私たちの人生において誰に共有すべきか知ったため、みんな、勝者となりました。」

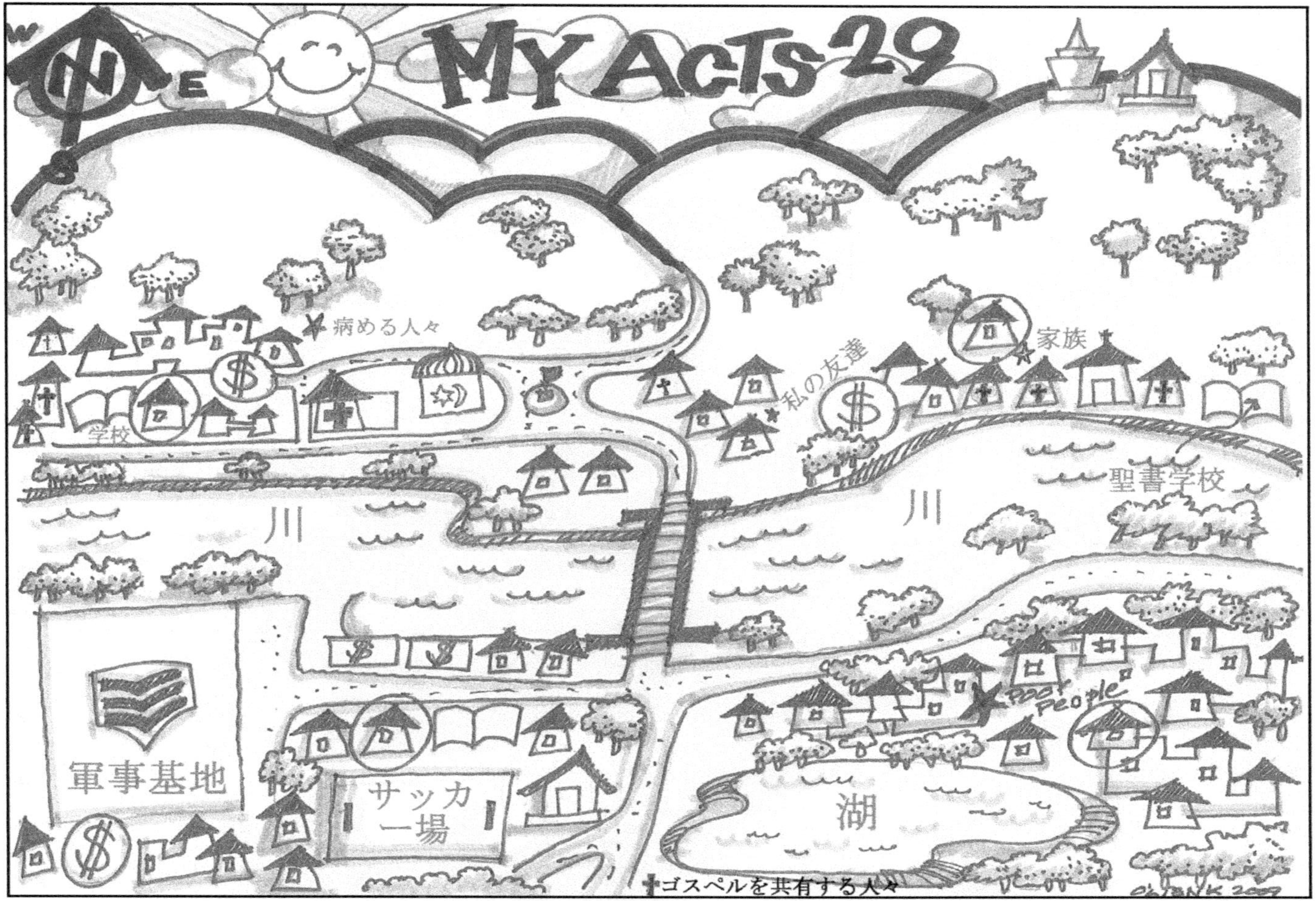
MY ACTS 29
N
E
S
W
病める人々
学校
私の友達
家族
聖書学校
川
川
軍事基地
サッカー場
湖
Poor People
ゴスペルを共有する人々

9

種まき

「種まき」は、種をまく人としてのイエスを紹介します。種をまく人は、種を植え、彼らの地を耕し、そして多くの収穫物を喜びます。イエスは種をまく人であり、彼は私たちの中に生きています。私たちが彼に従うとき、私たちもまた種をまく人です。私たちが少しだけしか蒔かないとき、私たちは少ししか刈ることはできません。私たちがたくさん蒔くとき、私たちはたくさん刈ることができます。

　私たちは人々の人生に何を蒔くべきでしょうか？シンプルな福音だけが、彼らを変え、そして神の家族の下に戻すことができます。私たちが、いったん、神が人の人生において生きているということを知ったのならば、私たちはシンプルな福音を彼らと共有します。私たちは、神の力が彼を救うことを知っています。

賞賛

- 誰かに、神の存在と祝福のために祈るよう頼んでください
- 2つの合唱歌もしくは賛美歌を一緒に歌ってください

祈り

- 学習者たちが、以前組んだのとは違う人を選んでペアを組むようにアレンジしましょう。
- それぞれの学習者は、彼らのパートナーと以下の質問に対する答えを共有します。

  1. 私は今日、救済すべき亡くなった人々に対して、どのようにして祈ることができましょうか？
  2. 私たちは、あなたがトレーニングしているグループのために、どのように祈ることができますか？

- もしもパートナーがまだ誰もトレーニングした経験がないのならば、その人の影響力の及ぶ範囲にいる、トレーニングを始めるのに相応しい人のために祈りなさい。
- パートナーたちは共に祈ります。

学習

復習

それぞれの復習のセッションは同じです。学習者に対し、立って、前のレッスンで学んだことを復唱するよう言ってくだ

さい。手振りも一緒に行うようにさせてください。前の4つのレッスンを復習しましょう。

イエスの教えの布教を助ける、聖書の中の8つのイエスの絵とは何ですか？

兵士、探求者、羊飼い、種をまく人、息子、聖なる神、召使い、財産管理人です。

追従

召使いのする3つの事とは何ですか？
誰が世界で最も高い権威を持っているのですか？
イエスが全ての信者に下した4つの命令とは何ですか？
私たちはどのようにしてイエスに従うべきですか？
イエスがすべての信者に与えた約束とは何ですか？

歩み

息子のする3つの事とは何ですか？
イエスの奉仕の力の源は何ですか？
イエスは信者に磔刑の前で聖霊について約束したことは何でしょう？
イエスは受難の後、信者に聖霊に関して何を約束したのでしょう？
聖霊に関する、4つの従うべき命令とは何ですか？

行くこと

探求者のする3つの事とは何ですか？
どのようにして、イエスは務めを果たすべき場所を決定するのでしょう？
私たちはどのようにして務めを果たすべき場所を決心すればよいのでしょう？
もし神が働いているのなら、私たちはどのようにしてそれを知ることができますか？
イエスはどこで働いているのですか？
イエスは他のどの場所で働いているのですか？

分かち合い

兵士のする3つの事とは何ですか？
私たちはどのようにして悪魔を倒しますか？
パワフルな証言のアウトラインとは何ですか？
従うべき大切なガイドラインは何ですか？

イエスはどのようですか？

マタイによる福音書第13章36-37節

それからイエスは、群衆をあとに残して家にはいられた。すると弟子たちは、彼のもとにきて言った、「畑の毒麦のたとえを説明してください。」イエスは答えて言われた、「良い種をまく者は、人の子である。」(NASB)

「イエスは種をまく人であり、収穫物の神です。」

種をまく人
手で種をまき散らしなさい。

種をまく人のする3つの事は何ですか？

マルコによる福音書第4章26-29節

また言われた、「神の国は、ある人が地に種をまくようなものである。夜昼、寝起きしている間に、種は芽を出して育って行くが、どうしてそうなるのか、その人は知らない。地はおのずから実を結ばせるもので、初めに芽、つぎに穂、つぎに穂の中に豊かな実ができる。実がいると、すぐにかまを入れる。刈入れ時がきたからである。」(CEV)

1. 種をまく人は、良い種をまきます。
2. 種をまく人は、彼らの地を耕します。
3. 種をまく人は、収穫物を期待します。

「イエスは種をまく人であり、私たちのうちにいらっしゃいます。彼が私たちの心に良き種をまく一方、悪魔は悪い種をまきたがります。イエスのまく種は永遠の命へと導きます。私たちが彼に従うとき、私たちもまた、種をまく人となるのです。私たちは、福音のよき種をまきます。私たちは神が私たちに送った地を耕し、そして多くの収穫物を期待します。」

シンプルな福音は何ですか？

ルカによる福音書第24章1-7節

週の初めの日、夜明け前に、女たちは用意しておいた香料を携えて、墓に行った。ところが、石が墓からころがしてあるので、中にはいってみると、主イエスのからだが見当たらなかった。そのため途方にくれていると、見よ、輝いた衣をきたふたりの者が、彼らに現れた。女たちは驚き恐れて、顔を地に伏せていると、このふたりの者が言った、「あなたがたは、なぜ生きた方を死人の中にたずねているのか。そのかたは、ここにはおられない。よみがえられたのだ。まだガリラヤにおられたとき、あなたがたにお話になったことを思い出しなさい。すなわち、人の子は必ず罪人らの手に渡され、十字架につけられ、そして3日目によみがえる、と仰せられたではないか。」

まず…

「神は完璧な世界を創り出しました。」

👋 あなたの手で大きな円を作って下さい。

「彼は、人々を彼の家族の一員としました。」

👋 手を合わせなさい。

次に…

「人々は神に従わず、罪と苦しみを世界にもたらしました。」

👋 こぶしを上げ、戦うふりをしなさい。

「ですから人は神の家族から去らなくてはいけなくなりました。」

👋 手を合わせ、それからそれを引き離しなさい。

3番目に…

「神は彼の子イエスを地にお遣わしになりました。彼は完璧な人生を歩みました。」

👋 頭上に手を上げ、下にそれを下げる動きをしなさい。

「イエスは私たちの罪のため、十字架の植えでお亡くなりになりました。」

👋 両手の中指を他方の手の掌につけなさい。

「彼は埋葬されました。」

👋 まるで葬られたかのように、右肘を左の手で持ち、右の腕を後ろ側にしなさい。

「神は、3日目に、復活なさいました。」

👋 腕を3本の指で起こしなさい。

「神は、私たちの罪のためのイエスの犠牲を見て、それを受け入れました。」

👋 外側を向いた掌で手を下にしなさい。それから、あなたの手を上げ、あなたの胸の植えでそれを交叉させなさい。

4つ目…

「イエスを信じる者は神の子であり、彼は彼らの罪の対価を払いました。」

👋あなたの手を、あなたが信じる方のほうへと挙げなさい。

「…彼らの罪を償い…」

掌を外側にし、顔を隠します。顔は反対向きにします。

「…そして救われるよう求め…」

手を碗状にしなさい。

「…神の家族のもとへと戻って行きました…。」

再び手を合わせなさい。

「あなたは神の家族のもとへと戻る準備ができていますか？さあ、共に祈りましょう。神に、彼が完全な世の中を造り上げ、あなたの罪のために死んだ彼の子イエスを遣わせたことを信じているということを伝えなさい。あなたの罪を償い、彼の家族に彼が戻るよう、頼みなさい。」

- 重要！あなたがトレーニングした全ての人たちが本当に信者であることを確実なものとするために、この時間を使いなさい。彼らに、質問に答える機会を与えなさい。「あなたはもう、神の家族のもとに帰る準備ができていますか？」と。
- シンプルな福音のプレゼンテーションを学習者がそれを覚えるまで数回ともに繰り返しなさい。私たちの経験では、多くの信者は彼の信念をどのようにして共有すればいいのか知らないので、皆がシンプルな福音の意味についてよくわかるまで時間を裂きなさい。
- 学習者はその順序と手振りを、レッスンを「構築する」ことで習得します。最初のポイントから始め、数回それを繰り返しなさい。それから、2つめのポイントを共有し、それを数回繰り返しなさい。それから、最初のポイントと次のポイントを数回繰り返しなさい。それから、3つめのポイントを数回繰り返しなさい。それから、1つめ、2つめ、3つめのポイントを一緒にやりなさい。最後に、学習者たちに4つめのポイントを教え、そしてそれを数回復習しなさい。学習者たちは、こうして、習得を示すため、数回、全ての順序を繰り返すことができるようになります。

節を覚えなさい。

ルカによる福音書　第6章15節

良い地に落ちたのは、みことばを聞いたのち、これを正しい良い心でしっかりと守り、耐え忍んで実を結ぶに至るひとたちのことである。

- 全員がたち、10回節を一緒に言って覚えましょう。最初の6回は、学習者は自身の聖書や生徒手帳を使います。最後の4回は、節を暗記して言います。学習者は、彼らが節を引用する度に、節の参照個所を言い、そして言い終えたときに座らなくてはいけません。

練習

- 読んで下さい！種まきのレッスンの部分の実践は、他の練習の時とは異なります。
- 学習者に対し、祈りのパートナーの向かいに立つよう言いなさい。学習者はともに、手振りをしながら、シンプルな福音をともに繰り返さなくてはいけません。

- 最初のペアが終わったら、皆、違うパートナーを探し、立って向き合い、そしてシンプルな福音を手振りとともに言わなくてはいけません。
- 2つめのパートが終わったら、学習者たちは、8人のパートナーとともに、シンプルな福音を手振りとともに言うまで新しいパートナーを探し続けなくてはなりません。
- 学習者たちが8人のパートナーと共に仕事を終えたとき、グループとして、手振りとともにシンプルな福音を皆に尋ねなくてはなりません。あなたは、彼がこれほどたくさん練習した後に、この活動をどれほど彼らがうまくできるようになるかに驚くことでしょう！

福音の種をまくことを覚えていなさい！

「覚えていなさい、福音の種をまくことを！もしもあなたが種をまかなかったのなら、収穫物はないでしょう。もしもあなたがわずかな種しかまかなかったのなら、あなたはわずかな収穫物しか得られません。もしもあなたが多くの種をまいたのなら、神はあなたを多くの収穫物で祝福するでしょう。あなたはどのような収穫物がほしいですか？」

「あなたが誰かに彼らがイエスについてより知りたいかどうか聞くとき、彼らは、『はい』と言います。それから福音の種をまく時間は始まります。神は彼らの人生において働いているのです！」

「福音の種をまきなさい！まくことなしに収穫物は得られません。イエスは種をまく人であり、彼は多くの収穫物を探しています。」

「すこしの間、ここにいる人以外でレッスンを共有したい誰かのことを考えてみてください。レッスンの最初のページのてっぺんに、その人の名前を書いてください。」

エンディング

使徒行伝第29章21節はどこですか？

あなたの聖書の「使徒行伝第29章21節」を開きなさい。

- 学習者は、使徒行伝には28章しかないと答えるでしょう。

  「私の聖書には、使徒行伝第29章があります。」

- 数人の学習者を前に来させ、彼らの聖書の第28章の終わりを指差し、彼らもまた、第29章を有しているのだ、と言いなさい。

  「今が、『使徒行伝第29章』です。神は聖霊が私たちを通じて行っていることを記録しており、私たちはいつの日かそれを読むことができるでしょう。あなたは何が言いたいですか？あなたの考えは何ですか？私たちの持つ地図は私たちの『使徒行伝第29章の地図』であり、神が私たちの人生においてなさりたいことです。私たちは、私の使徒行伝第29章の価値観をあなたと共有したいのです。」

- グループとともに、「使徒行伝第29章観」をあなたのグループと共有しなさい。2種類の人々に関するコンセプトを含むようにして下さい：不信仰者と信者、という。神は私たちに、不信仰者と福音を共有し、信者たちを、どのようにキリストに従い、彼らの信念を分かち合うかを訓練するよう、お望みになります。

「私たちの使徒行伝第29章の地図は、イエスが私たちに背負うよう求めた十字架を表します。今、私たちは私たちの地図を示す聖なる地図に入り、他者のために祈り、そしてイエスに従うようこと私たちの人生に義務づけています。」

使徒行伝第29章の地図 - パート3

- 学習者たちに、彼らの地図における新しい信奉者のグループのために考えうる、少なくとも3つの場所に丸をつけるよう言いなさい。彼らは丸の横に、グループのリーダーになりうる人とホストファミリーになりうる人を書く必要があります。
- もし、彼らが既に集団を始めているのなら、彼らを祝福し、地図上に示しなさい。もし、彼らがまだグループを始めていないのならば、神の働いている場所を見つける助けをしなさい。
- これは、学習者にとって、彼らがそれを見せる前に地図を用意する最後の時です。必要に応じて、時間の延長を許しなさい。

10

受け入れ

「受け入れ」はセミナーの終わりのセッションです。イエスは、私たちに、私たちの十字架を受け入れ、彼に毎日従うよう命じられました。使徒行伝第29章の地図は、イエスがそれぞれの学習者に背負うよう命じた十字架の絵です。

　この最後のセッションでは、学習者たちは彼らの使徒行伝第29章の地図をグループに見せます。それぞれのプレゼンテーションの後で、グループはプレゼンターと使徒行伝第29章の地図に手を当て、神の祝福と彼らの使命の選定のために祈ります。グループはそれから、この命令を繰り返すことで、プレゼンターの能力を試します。「あなたの十字架を受け入れ、神に従いなさい」と3回言います。学習者たちは彼らの使徒行伝第29章の地図を、全て終わるまで交代で示します。このトレーニングの時間は、信奉者を育成する義務への崇拝の歌と、認められた精神的なリーダーによる修了の祈りで終わります。

賞賛

- 誰かに、神の存在と祝福のために祈るよう頼んでください
- 2つの合唱歌もしくは賛美歌を一緒に歌ってください

祈り

- 認められた精神的なリーダーに、この特別な使命の時間への神の祝福のために祈るよう言いましょう。

復習

それぞれの復習のセッションは同じです。学習者に対し、立って、前のレッスンで学んだことを復唱するよう言ってください。手振りも一緒に行うようにさせてください。この復習は、全てのセッションを含みます

イエスの教えの布教を助ける、聖書の中の8つのイエスの絵とは何ですか？

兵士、探求者、羊飼い、種をまく人、息子、聖なる神、召使い、財産管理人です。

複製

財産管理人のする3つの事とは何ですか？
神の人類に対する最初の命令は何だったのでしょう？
神の人類に対する最後の命令は何だったのでしょう？
私たちはどのようにして、よく産み、繁殖するのですか？
イスラエルにある2つの海の名前は何ですか？
どうしてそれらはそんなに異なるのですか？
あなたはどちらのようになりたいですか？

愛

羊飼いのする3つの事とは何ですか？
他者に教えるべき、最も大事ないましめはなんですか？
愛はどこから来るのですか？
シンプルな崇拝とは？
私たちはどうしてシンプルな崇拝をするのですか？
シンプルな崇拝のためには、何人の人が集まれば良いのですか？

祈り

聖人のする3つの事とは何ですか？
私たちはどのようにして祈るべきですか？
神はどのようにして私たちに答えるのか？
神の電話番号は何ですか？

追従

召使いのする3つの事とは何ですか？
誰が世界で最も高い権威を持っているのですか？
イエスが全ての信者に下した4つの命令とは何ですか？
私たちはどのようにしてイエスに従うべきですか？
イエスがすべての信者に与えた約束とは何ですか？

歩み

息子のする3つの事とは何ですか？
イエスの奉仕の力の源は何ですか？
イエスは信者に磔刑の前で聖霊について約束したことは何でしょう？
イエスは受難の後、信者に聖霊に関して何を約束したのでしょう？
聖霊に関する、4つの従うべき命令とは何ですか？

行くこと

探求者のする3つの事とは何ですか？
どのようにして、イエスは務めを果たすべき場所を決定するのでしょう？

私たちはどのようにして務めを果たすべき場所を決心すればよいのでしょう？
もし神が働いているのなら、私たちはどのようにしてそれを知ることができますか？
イエスはどこで働いているのですか？
イエスは他のどの場所で働いているのですか？

分かち合い

兵士のする3つの事とは何ですか？
私たちはどのようにして悪魔を倒しますか？
パワフルな証言のアウトラインとは何ですか？
従うべき大切なガイドラインは何ですか？

種まき

種をまく人のする3つのこととは何ですか？
私たちの分かち合うシンプルな福音とは何ですか？

学習

イエスが彼の信奉者たちに毎日するよう命じたことは何ですか？

ルカによる福音書　第9章23節

それから、みんなの者に、言われた、「だれでもわたしについてきたいと思うなら、自分を捨て、日々自分の十字架を負うて、わたしに従ってきなさい。」

「自分自身を捨て、自分の十字架を受け入れ、そしてイエスに従いなさい。」

私たちの十字架を受け入れるよう呼ぶ4つの声とは何ですか？

天上からの声

マルコによる福音書　第16章15節

そして彼らに言われた。「全世界に出て行って、すべての造られたものに福音を宣べ伝えよ。」(NLT)

「イエスは、福音を共有するため、我々をお呼びになりました。彼は最も高い権威であり、私たちは、いつも、ただちに、心から、彼に従わなくてはなりません。

「これは天上からの声です。」

天上
空に向かって指を上げなさい。

下界からの声

ルカによる福音書　第16章27-28章

そこで彼は言った、「父よ、ではお願いします。わたしの父の家へつかわしてください。わたしに5人の兄弟がいますので、こんな苦しい所へ来ることがないように、彼らに警告していただきたいのです。」(HCSB)

「イエスは地獄に行った裕福な男についての話を伝えました。この話では、裕福な男はラザロという名前の貧乏な男に、天国を出て、地上に降りて彼の5人の兄弟に地獄の恐ろしさについて警告するよう言いました。アブラハムは、彼らはもう十分に警告してきたと言いました。ラザロは、地上に戻ることができませんでした。もう死んで、地獄にいる人たちは、私たちに福音を共有するよう言います。

「これは、天下からの声です。」

天下

✋ 地に向かって指を下げなさい。

内なる声

コリント人への第一の手紙

わたしが福音を宣べ伝えても、それはおごりにはならない。なぜなら、わたしは、そうせずにはおれないからである。もし福音を宣べ伝えないなら、わたしはわざわいである。

「パウロの内なる聖霊は、彼に、福音を共有するよう強いました。同じ聖霊は、私たちに、十字架を受け入れ、福音を共有するよう言いました。」

「これは、内からの声です。」

内

✋心に向かって指をさしなさい。

内なる声

使徒行伝第16章9節

ここで夜、パウロは一つの幻を見た。ひとりのマケドニヤ人が立って、「マケドニヤに渡ってきて、わたしたちを助けて下さい」と、彼に懇願するのであった。(NLT)

「パウロはアジアに行く計画をたてましたが、聖霊はそのとき彼を行かせませんでした。彼はマケドニアから来た男が説得しに来て良い知らせを彼に説くというヴィジョンを持っていました。世界中の、未達の人々やグループは、私たちの十字架を背負い、福音を共有するよう言います。」

「これは外からの声です。」

外

地に向かって手を碗状にし、「ここに来なさい」、という動作をなさい。

- 数回、4つの声を手振りとともに復習し、学習者たちに声は誰か、どこから来たのか、何と言っているのか聞きなさい。

プレゼンテーション

使徒行伝第29章の地図

- 学習者たちを、それぞれ8人ずつのグループにしなさい。イエスの教え布教トレーニングの参加者の間で認知された精神的なリーダーに、グループを率いるよういいなさい。

- 学習者たちに、以下の布教時間プロセスを説明しなさい。
- 学習者たちは、彼らの使徒行伝第29の地図を円の中心に置き、順番に彼らのグループに見せます。それから、グループは使徒行伝第29章の地図そして／または学習者に手をあて、神の力と彼への祝福のために祈ります。
- 皆、声を出して学習者のために祈る必要があります。グループの認知されたリーダーは、聖霊の導きに従って、祈りの時間を終わらせます。
- そのとき、学習者は地図をたたみ、それを彼または彼女の肩に置き、そしてグループは、「自分の十字架を受け入れ、そしてイエスに従いなさい。」と3回声を合わせて言います。それから、次の学習者は彼らの地図を見せ、そしてこのプロセスは再び始まります。
- 始める前に、学習者たちに、それぞれの地図を見せたときと同じように、「自分の十字架を受け入れ、そしてイエスに従いなさい。」と3回繰り返すよう言いなさい。これは、皆がどのようにして節を声を合わせて言えばいいのか決める助けとなります。
- グループにいる皆が彼らの地図を見せたとき、学習者はまだ終わっていない他のグループに加わります。
- トレーニングの終わりに、グループの学習者にとって意味のあるシンプルな崇拝の歌を歌いなさい。

パート3

参考文献

さらなる学習

列挙したトピックに関するより深いディスカッションについては、以下の資料を参照して下さい。ミッション・ワークが新しくなされるエリアにおいて、これは聖書の次に翻訳されるべき最初の本の良いリストにもなるでしょう。

Billheimer, Paul (1975). *Destined for the Throne.* Christian Literature Crusade.

Blackaby, Henry T. and King, Claude V (1990). *Experiencing God: Knowing and Doing the Will of God.* Lifeway Press.

Bright, Bill (1971). *How to Be Filled with the Holy Spirit.* Campus Crusade for Christ.

Carlton, R. Bruce (2003). *Acts 29: Practical Training in Facilitating Church-Planting Movements among the Neglected Harvest Fields.* Kairos Press.

Chen, John. *Training For Trainers (T4T).* Unpublished, no date.

Graham, Billy (1978). *The Holy Spirit: Activating God's Power in Your Life.* W Publishing Group.

Hodges, Herb (2001). *Tally Ho the Fox! The Foundation for Building World-Visionary, World Impacting, Reproducing Disciples.* Spiritual Life Ministries.

Hybels, Bill (1988). *Too Busy Not to Pray.* Intervarsity Press.

Murray, Andrew (2007). *With Christ in the School of Prayer.* Diggory Press.

Ogden, Greg (2003). *Transforming Discipleship: Making Disciples a Few at a Time.* InterVarsity Press.

Packer, J. I (1993). *Knowing God.* Intervarsity Press.

Patterson, George and Scoggins, Richard (1994). *Church Multiplication Guide.* William Carey Library.

Piper, John (2006). *What Jesus Demands from the World.* Crossway Books.

後注

1 Galen Currah and George Patterson, *Train and Multiply Workshop Manual* (Project World Outreach, 2004), p 28.

2 Currah and Patterson, p 17.

3 Currah and Patterson, pp 8, 9.

付録A

翻訳者に対する注記

神の思し召しのまま、筆者はこのトレーニングの他の言語への訳出を許可します。イエスの教えの布教トレーニング(FJT)を翻訳するときは、以下のガイドラインに従って下さい。

- 私たちは、翻訳作業を進める前に、イエスの教えの布教トレーニング(FJT)を数回他の人と行うことをおすすめします。翻訳はその意味を強化すべきであり、単なる文字通りの訳や、逐語訳であってはなりません。例えば、「Walk by the Spirit（聖霊によって歩きなさい）」が、あなたのお持ちのバージョンの聖書において「Live by the Spirit（聖霊によって生きなさい）」　であるならば、それを用い、必要に応じて身振りを改訂しなさい。
- 翻訳は、よくある言葉であるべきであり、出来る限り、あなたの国の「宗教的な言葉」を用いないようにしなさい。
- あなたの国の人々の多くが理解できる訳の聖書を用いなさい。もし、理解し難い1つの訳しかないのならば、それらを明快にするために訳語をアップデートしなさい。
- キリストの8つの絵のそれぞれの意味に対し、ポジティブな意味のある言葉を用いなさい。しばしば、トレーニングチームは、正しいものが見つかるまで、「正しい言葉」について数回経験を積まなくてはいけないかもしれません。

- 「Saint（聖）」という語を、あなたの文化において高尚な道徳的生活を崇め、祈り、導く聖なる人にあたる言葉で訳しなさい。もし、あなたの言語において、イエスの聖性を意味する言葉が同じであるならば、わざわざ「Holy One （聖なる人）」という言葉を用いる必要はありません。私たちはここで、「Saint（聖）」という言葉が必ずしも、イエスを表していないために、このように「Holy One （聖なる人）」という語を用いる必要があるのです。
- 「Servant（召使い）」という言葉は、ポジティブな意味で訳すことが難しい語でありえますが、あなたがそうすることはとても重要なことです。あなたの選んだ語が、よく働き、謙虚な心を持ち、他者を助けることを楽しむ人であるよう留意しなさい。ほとんどの文化において、「召使いの心」という考え方はあるのです。
- 私たちはすべてのスキットを、東南アジアにおいて開発し、往々にしてその文化にあてはまります。どうぞご自由に、あなたの国の人々に親しみやすいアイテムや考え方を用いるよう気をつけて、それらをあなたの文化にあてはめてください。
- 私たちは喜んで、あなたの仕事について聞き、可能なあらゆる手段で助けます。
- *translations@FollowJesusTraining.com*まで、私たちにご連絡ください。そうすれば、私たちはコラボし、より多くの人たちがイエスに従うのを見ることができます！

付録B

よくある質問

1.　「一途な信奉者の育成」の主な目標は何ですか？

（礼拝、祈り、聖書学習のために会い、そしてイエスの命令に従う責任のある人々をつなぐための）信者たちの小さなグループは、すべての健全な教会や長期持続的な運動の基礎となる建築用レンガのようなものです。私たちの目標は、イエスの計画の最初の3段階を実践すること、つまり、主によって強く生きること、福音を共有すること、信奉者を育成することによって、イエスの世界に達するためのイエスの計画に人々が従うようにすることです。伝導は時に触媒となるでしょうが、信奉者を育成する信奉者の動きの中心ではあり得ません。

私たちの経験では、ほとんどの信者は信奉者のグループがつくったコミュニティのタイプを変えることを経験したことがありません。信奉者を育成する信奉者の運動においては、家族はお互いに、献身し、教義を教えます。教会は、信奉者のグループと、日曜日礼拝の教室において、メンバーに対し教義を教えます。修道院のグループは、お互いに、どのようにして他者に教義を教えるか教えます。そして新しい教会は、常に小さな信奉者のグループとして始まります。この運動において、信奉者のグループはそこかしこに見られます。

2. トレーニングとティーチングの違いは何ですか？

説明責任です。ティーチングは、精神を鍛え、トレーニングは手と心を鍛えます。ティーチングの場面においては、教師がたくさん話し、学習者は少ししか質問しません。トレーニングの場面においては、学習者がたくさん反し、教師は少ししか質問しません。ティーチングセッションを教え終えた後、よくある質問は「彼らはそれが気に入りましたか？」か「かれらはそれを理解しましたか？」です。トレーニングセッションを教え終えた後、よくある質問は「彼らはそれをするでしょうか？」です

3. もし、私たちが決められた時間内にレッスンを終えることができなかった場合、どうしたらよいでしょうか？

イエスの教えの布教トレーニング(FJT)において、トレーニングのプロセスは重要です。学習者たちに対して、内容だけでなく、どのようにして他者をトレーニングするのかも教えなさい。もし、あなたが1つのセッションにおいて全てのレッスンを終える時間がないのならば、「学習」のセクションを半分に分けなさい。トレーニングのプロセスを維持し、レッスンを2つに分けた方が、トレーニングのプロセスの一部を省くよりも良いのです。

よくある傾向として、説明責任や練習の時間を端折ってしまい、その結果教材を伝統的な聖書学習のようにしてしまうことが挙げられます。複製の鍵は、しかしながら、説明責任と練習にあります。これらをスキップしてはなりません！代わりに、「学習」のセクションを2つのミーティング・タイムに分け、トレーニングのプロセスをそのままにしておきなさい。

4. どのように始めるかについて、何かアイディアはありませんか？

あなた自身から初めなさい。あなたはあなたが持っていないものを人に与えることはできません。レッスンを学習し、日常ベースであなたの生活に適用しなさい。他者をトレーニングする以前に、まずあなた自身が一定のレベルに達していなくてはならない、と考えるようなありがちな誤解をしてはなりません。また、あなたが与えないものについて、あなたは持ち得ない、ということも真実です。もしもあなたが信者であるならば、聖霊はあなた自身の中に生き、そしてあなたが他者をトレーニングし始めるのに必要なレベルに既に達していることを保障するでしょう。

あなたが習っていないことについてあなたが教えることはできない、ということは事実ですが、あなたが教えていないことについてあなたが学ぶことはできない、というのもまた事実です。ただ、おやりなさい。全てを棄てて外へ出なさい。あなたが、神が働いていらっしゃる場所に合流するとき、そこには他者をトレーニングする多くの機会があります。50人の人々をトレーニングするのと同じ熱意で、5人の人々をトレーニングなさい。逆もまたしかりです。少しだけ蒔いたならば、少しだけ実ります。たくさん蒔いたならば、たくさん実ります。あなたが見るであろう収穫物はいつも、あなたが他者をトレーニングしたのに加担した割合と直接的に関係があるのです。

5. 「5のルール」とは何ですか？

学習者たちは、他の人をトレーニングするのに必要な自信を獲得するまでに5回レッスンを練習する必要があります。最初に、学習者は「それは良いレッスンでした。ありがとうございます。」と言い、2度目（彼らがレッスンを教えた後に）には「多分私はこのレッスンを教えることができると思いますが、確信がありません。」と言い、3度目には学習者は、「このレッスンは私が思っていたよりも難しいレッスンではありませんでした。多分そのうち私は出来るようになると思います。」と言います。

4度目には学習者は、「このレッスンがどうして大切なのかわかり、他者に教えたいです。回を追う毎に簡単になっていきます。」と言い、5度目には学習者は、「私は、どのようにこのレッスンをするのかを他の人をトレーニングため、他のひとをトレーニングすることができます。私は、神がこのレッスンを私の友達や家族の人生を変えるためにお使いになっているということを確信しています。」

レッスンを練習することには、「見ること」と「すること」の両方が伴います。このことから、私たちは練習を2回することをおすすめします。学習者は、彼らの祈りのパートナーと一緒にこれを一度練習し、そしてパートナーを交代して再びレッスンをすべきです。

6. どうしてこんなにたくさんの手振りを使うのですか？

最初は子供染みていると思われるでしょうが、すぐに多くの人々は、それが教材をより早く覚える助けとなることに気がつくでしょう。手振りは、触覚かつ視覚的な学習スタイルを助けます。

しかしながら、手振りには注意しなさい！あなたがトレーニングをする場所のローカルな習慣を確認して、その手振りに悪い意味やあなたが意図するのとは違った意味がないように気をつけなさい。私たちはいくつかの東南アジアの国々で、このマニュアルを試してきましたが、それでもなお、前もって確認することは良いアイディアです。

医者や、弁護士や、その他のより教育を受けた人物が手振りを習ったり行ったりすることに驚いてはなりません。私たちがよく聞く感想は、「ついに！私が他の人に教え、彼らがそれを理解し、行うことのできるレッスンがここにはあります。」

7. どうしてレッスンはそれほどシンプルなのですか？

イエスは簡単で、覚えやすいやり方でトレーニングを行いました。私たちは、現実生活における例と物語を用います。というのも、それがイエスが行ったことだからです。私たちは、「ナプキン・テスト」（レッスンは、簡単な食事にかけられたナプキンの上に書かれ得るもので、学習者によってただちに複製可能なものでしょうか？）を通った場合のみ、レッスンが本当に複製可能なものとなると信じています。イエスの教えの布教トレーニング（FJT）におけるレッスンは、「自身を教え、」そして良き種をまくために聖霊に頼ります。シンプルさが、複製可能性において鍵となる要因です。

8. 人々が他者をトレーニングするとき、陥りがちな間違いは何ですか？

- *トレーニングにおける説明責任的側面を省くこと*です。典型的な小さなグループミーティングは、礼拝、祈り、そして聖書の勉強からなります。トレーニングはこれら3つを含みますが、「練習」の時間において説明責任を加えます。ほとんどの人々は、好ましいやり方で他の人々に対して説明責任を果たすことができないために、このパートを省きます。しかしながら、例を示し、判定によるものではない質問をすることで、グループはお互いの説明責任を果たし、十分な精神的成長を遂げることができるのです。
- *話しすぎます*。典型的な90分のセッションにおいては、グループに対してトレーナーは合計30分間、話すことが許されます。学習者たちは、トレーニングのセッションにおいて、彼らの時間のほとんどを合同の礼拝、祈り、分かち合い、そして練習に費やします。西洋的な教育のバックグラウンドを持つ多くの人は、この時間配分を逆にしてしまう罠に陥ります。

- *少しのものに焦点を当て、多くのものに焦点を当てません。*一対一の指導は、論理的には良いのですが、練習において短くなる傾向があります。聖書上の一般水準では、信奉者の育成は、小さなグループにおいてなされます。イエスはほとんどの時間をペテロ、ヤコブ、そしてヨハネと過ごしました。ある男性のグループは、ペテロを信奉者育成の旅に引率し、イエルサレムの教会において助けました。パウロによる手紙は、彼が「指導」した人々のグループでいっぱいになっています。実際、あなたがトレーニングをしたうち、15から20%の人々のみが、自らトレーナーとなるでしょう。この事実に落胆してはなりません。このパーセンテージにおいてさえ、神は、信奉者育成運動について恵みをもたらします。もしも私たちが、福音の種を広くまくことに誠実であるのならば。
- 複製可能でないやり方で、トレーニングを行います。信奉者育成運動の鍵は複製可能性です。結果として、あなたがトレーニングする最も重要な人々は部屋にすらいません。彼らは、信奉者が弟子をトレーニングすることにおける第3, 4, そして5代目の人々なのです。指導上の質問としては、「次世代の信奉者たちは、私がしていることをそのままコピーし、他者に受け渡すことができるでしょうか？」というものが挙げられるでしょう。もしも、第4世代の信者があなたのセッションと同じよう、分かち合い、提示し、促進し、教材を使ったら何が起こるでしょうか？もしも彼らがあなたに簡単に従うことができるのならば、それは複製可能なのです。もし、彼らが適応させなくてはならないのならば、それは複製可能ではないのです。

9. もし、私の未達の人々のグループ（UPG)に、信者がいなかったらどうしたらよいのでしょう？

- イエスの教えの布教トレーニング（FJT）を学び、指導し、あなたの未達の人々のグループ(UPG)に立ち会い始めなさい。イエスの教えの布教トレーニングは、探求者に、イエスは誰かということに関する良き図を示し、キリスト教徒になるということが何を意味するのかを示します。東南アジアにおいて、私たちはいつも人々を指導し、そして彼らを導きます。イエスの教えの布教トレーニングは、これをなすための脅威的でないやり方をあなたに示します。
- 信者を、あなたが達しようとしている、経済的に、政治的に、地理的に、そして文化的な類似性において密接に関連した人々のグループと共に配置しなさい。彼らを、合同のグループの中にいる友人に達するというヴィジョンの下、イエスの教えの布教トレーニング（FJT）の教材を用いて教えなさい。
- あなたの未達の人々のグループ（UPG)を区別するため、セミナーや聖書学校に通いなさい。
- いつも、神は既にリーダーをお生みになっています（私たちはそれに気付いていないだけです）。あなたの未達の人々のグループ　(UPG)から、1組の親を決めなさい。多くの場合、これらの指導者は、未達の人々のグループ（UPG)に対して負荷を追っていますが、どのようにして彼らに到達すべきかについて少しの経験しかありません。

10. 新しい信奉者をトレーニングし始める際、新しい信奉者にとっての最初のステップは何ですか？

学習者に、彼らの学んだシンプルな礼拝のフォーマットに従うよう求めなさい。グループはお互いに賞賛し、それから一緒に祈ります。「学習」のセクションでは、イエスの教えの布教トレーニング（FJT）のお互いのレッスンを教え、3つの質問とともに聖書の話を伝えます。

「練習」のセクションにおいては、彼らは再びお互いにレッスンを教えます。学習者はセミナー中、シンプルな礼拝の形式に9回従い、彼らが去るときに信奉者のグループを始めることに自信を持つようになります。

11. トレーナーがこの資料を用いることで有する異なった立場とは何ですか？

イエスの教えの布教トレーニング（FJT）を用いたトレーナーは、以下のやり方に成功します：

- *セミナーの規模*—セミナーの規模としては、24人から30人が、最もトレーニングに適しています。セミナーは、2日半続きますが、それは学習者の教育レベルにもよります。
- *ウィークリー・セッション*—ウィークリー・セミナーの規模としては、10人から12人が、最もトレーニングに適しています。シンプルな礼拝のための追加レッスンは、トレーニングのサイクルを12週間にします。典型的には、このセッションは誰かの家か教会で行われます。あるトレーナーは、彼らがトレーニングしている人々がオフの週に他者をトレーニングするだろうという考えの下、隔週のグループを率います。このアプローチは、教会設立運動を急なスピードで促進するアプローチとして確立されました。
- *日曜学校クラス*—日曜学校の規模としては、8人から12人が、最もトレーニングに適しています。トレーニングのプロセスの長さから、それぞれのレッスンの「学習」の部分はいつも半分に分けられ、2回の日曜日を通じて教えられます。シンプルな礼拝は、毎回強調されるので、トレーニングは20分続きます。

- *セミナー、または聖書カレッジクラス*ートレーナーは、イエスの教えの布教トレーニング（FJT）において、福音伝導または信奉者育成の間、1週間の集中習得時間および／または、ウィークリーベースを用います。
- *告白*–何百人にも達する大きなグループでさえ、もし、他の弟子が、グループを共に導くためにトレーナーの助けとなることができるのならば、トレーニングできます。
- *説教*–イエスの教えの布教トレーニング（FJT）を終えた後、牧師はいつも彼らの教会にレッスンを教えます。これは、イエスに従うために他者をトレーニングする人たちの関心と弾みを築きます。しかしながら、イエスの教えの布教トレーニング（FJT）を「トレーニングする」のではなく、「教える」誘惑にかられます。牧師は、説法中にレッスンをする際、この危険性から身を守らなくていけません。牧師は、集会の場において、他者をトレーニングするトレーナーへの道を歩ませるようなレッスンをしなくてはなりません。
- 伝導の話–伝道師は、実践的なやり方においてどのようにして彼らが国民をトレーニングするかを彼らのサポーターと分かち合うことができます。サポーターは、どのようにして簡単なやり方で、イエスに従うことを習うことができるのか、フィールドにおいてどのようにして伝道師が仕事をこなしているのかを学ぶことがどれほどエキサイティングなことかを話してきます。
- 監督–あるトレーナーは、教示可能な時は、リーダーを監督するためにレッスンを用います。イエスの教えの布教トレーニング（FJT）は、包括的なので（全てのパートは、他のパートを増幅し、説明します）トレーナーは、いつでもトレーニングを始め、キリストに従うことに対する全体像を提供することを約束します。

12. もし、文盲もしくはほとんど字の読めない人々がトレーニングに参加したらどうすればいいのですか？

ああ、このテーマは、私たちがわかち合うことのできる話です！人はなさねばなりません。私たちは、タイでトレーニングをしていたときの出来事を覚えています。メンバーの大半は、北の丘の部族の女性でした。その文化においては、女性は、ティーンエイジャーになるまで、書いたり読んだりすることを習うことを禁じられていました。もちろん、このことは、彼女たちが一生習わないことを意味します。

トレーニングの場ではしばしば、女性は静かに座って、男性が学習している間に効きます。しかしながら、イエスの教えの布教トレーニングの身振りのアプローチによって、3日間を通じて女性全員がトレーニングに参加することができました。私たちは、詠み人に聖書の一節の大きな声で読むよう言いました（グループ全体が一緒に読む代わりに）、そして、女性を5から6人のグループ（ペアにする代わりに）に分けました。「今や、私たちは、他者に与えることのできる何かを学びました」と女性が言ったとき、3日間で、何度も涙がこぼれました。

付録C

チェックリスト

トレーニングの前に…

- *祈りのチームをリスト化しなさい*—トレーニングの前と後に、12の人々からなる祈りのグループをリスト化しなさい。これはとても重要です！
- *見習いをリスト化しなさい*—イエスの教えの布教トレーニング（FJT）：一途な信奉者の育成にこれまで参加した人のなかから、あなたとチームティーチングをする見習いをリスト化しなさい。
- *参加者を招きなさい*—文化的に気を使ったやり方で、参加者を招きなさい。これは、手紙や、招待状を送ることを含みます。一途な信奉者の育成トレーニングのために最適な大きさじゃ24人から30人の学習者からなります。もし、あなたに助けてくれる何人かの見習いがいるのなら、あなたは100人もの人をトレーニングできるでしょう。一途な信奉者の育成トレーニングは、3以上のグループの学習者によって、ウィークリーベースで効果的になすことができるでしょう。
- *ロジスティックを確立しなさい*—必要に応じて、学習者の止まる場所、食事、交通費を工面しなさい。
- *ミーティングの場所を確保しなさい*—部屋の後ろの方に置いておく2つのテーブル、学習者のために丸く配置されたイス、そしてトレーニングの間の学習活動のための多くの部屋をアレンジしなさい。もし、より多くを確保することが可能ならば、イスの代わりにマットをしきなさい。毎日、コーヒー、お茶、軽食付きの2回の休憩を挟みなさい。

- *トレーニングの材料を集めなさい*—聖書、ホワイトボード、紙、マーカー、生徒手帳、リーダーの手帳、それぞれの学習者が使徒行伝第29章の地図を仕上げるための白いポスター紙、色マーカーまたはクレヨン、ノート（学生が学校で使うようなもの）、ペン、そして鉛筆を集めなさい。
- *礼拝の時間をアレンジしなさい*—それぞれの参加者のために、歌のシートかコーラス本を用いなさい。グループの中で、ギターをひく人を探し、そして彼／彼女にあなたを助けるよう言いなさい（もし可能であれば）。それぞれのレッスンのタイトルは、そのセッションにおける歌の選択のトピックとなります。
- *アクティブな学習のために支えとなるものを集めなさい*—風船、水のボトル、そしてコンテストの賞品を集めなさい。

トレーニングの間は…

- *フレキシブルになりなさい。*スケジュールを保ち、しかし神が学習者の人生において何をなさっているのかを合わせるのに十分なフレキシブルさを備えなさい。
- *練習と説明責任を強調しなさい*—学習者が、あなたが彼らに教えた後、お互いにレッスンを教えることを練習するようにさせなさい。練習なしでは、学習者は他者をトレーニングすることに自信が持てません。練習の時間を省くよりは、レッスンを短くしたほうが良いです。練習と説明責任は、増殖の鍵です。
- *皆をリーダーシップに巻き込みなさい*—セッションの終わりには、違う人に祈るように言いなさい。レッスンの終わりまでには、皆が最低一回は祈りで閉幕させています。学習者は、彼らの小さなグループの時間において、シンプルな礼拝の一部を順番に導くべきです。

- *それぞれの学習者の才能の発揮を促し、認識しなさい*ートレーニングの間、参加者に彼らの才能を使うよう促しなさい。セミナーの間、学習者が彼らに才能を使うよう、要請しなさい：音楽、ホスピタリティ、祈り、教え、ユーモア、サービス等。
- 復習し、復習し、復習しなさいーそれぞれのセクションの最初にある、復習のセクションを飛ばしてはいけません。セミナーーの最後には、それぞれの学習者は全ての質問、答え、そして身振りを複製可能です。学習者に、あなたが彼らをトレーニングしたようなやり方でトレーニングを行うよう留意させなさい。彼らは、それぞれ、彼らは、彼らがトレーニングする人々とも、復習のセクションを行うべきです。
- ・*評価のために備えなさい*ーレッスンの間、学習者が理解しなかったり、彼らが聞いたりするであろうことについて、ノートをとりなさい。これらのノートは、のちの評価の際に、あなたとあなたの見習いを助けます。
- *シンプルな礼拝の時間を端折ってはいけません*ーシンプルな礼拝の時間は、トレーニングのプロセスにおける重要なパートです。学習者がシンプルな礼拝を率いることを心地よく感じているのならば、彼らは、トレーニングの後でグループを始めることに自信を持つでしょう。

トレーニングの後は…

- あなたの弟子と一緒に、トレーニングの全ての側面を評価しなさいーあなたの弟子と一緒に、トレーニングの全ての側面を評価する時間をとりなさい。ポジティブな点とネガティブな点のリストを作りなさい。あなたが次教えるときによりよくなるようなプランをたてなさい。

- *未来のトレーニングの助けとなる、潜在的な見習いと連絡をとりなさい*–未来の一途な信奉者の育成トレーニングであなたを助けてくれそうな、リーダーシップのポテンシャルを秘めた2人か3人の*学習者と連絡をとりなさい。*
- *トレーニングの参加者に、次は友達を連れて来るよう促しなさい*–トレーニングの参加者に、次に参加するときはパートナーを連れて戻るよう*促しなさい。これは他者をトレーニングするトレーナーの数を増やす効果的なやり方です。*

スケジュール

この教材を3日間もしくは12週間のトレーニング・プログラムを促進するために用いなさい。それぞれのスケジュールにおけるセッションは、1時間半であり、21ページのトレーナーの育成プロセスを実用化しています。

ベーシックな信奉者育成トレーニング － 3日間

	Day 1	Day 2	Day 3
8:30	シンプルな礼拝	シンプルな礼拝	シンプルな礼拝
9:00	歓迎	追従	種まき
10:15	休憩	休憩	休憩
10:30	繁殖	歩み	従うこと
12:00	昼食	昼食	昼食
1:00	シンプルな礼拝	シンプルな礼拝	シンプルな礼拝
1:30	愛	行くこと	受け入れ
3:00	休憩	休憩	
3:30	祈り	分かち合い	
5:00	夕食	夕食	

ベーシックな信奉者育成トレーニング － ウィークリー

第1週	歓迎 シンプルな礼拝	*第7週*	歩み
第2週	繁殖	*第8週*	シンプルな礼拝
第3週	愛	*第9週*	行くこと
第4週	シンプルな礼拝	*第10週*	分かち合い
第5週	祈り	*第11週*	従うこと
第6週	追従	*第12週*	受け入れ

その他の資料

ウェブサイト

現在の翻訳

生徒用の本

www.ingramcontent.com/pod-product-compliance
Lightning Source LLC
Chambersburg PA
CBHW071456040426
42444CB00008B/1368